読み・書き・話すための
英文法の授業

四月十六日 木曜日 晴れ

石渡一秀

さぁ、授業をはじめましょう！

はじめに

"英語はたし算"？

　はじめからごめんなさい。でも私は英語は本当にたし算と似ているなあと思っているんですよ。英語は話したり書いたりする人が何か加えたいと思ったら主語Sや動詞Vにさまざまな単語や表現αを加えていく言葉だと思うんです。例えば、

　　I saw Mary. → I saw Mary yesterday.
　　S V　　　　　S V　　　　α

　→ I saw Mary in the park yesterday.
　　S V　　α　　　α　　　　α

はSとVにαを加えていくことで、だんだん文の意味が深まってきていますね。

　英語は、このようにSとVにαを加えていくことでいろんなことが言えたり、書けたりできるようになるんです。このことを図式化すると次のようになります。

英文＝S＋V＋α

　この本では、英語はSとVにさまざまな単語や表現αが加わって成り立っていることを、15章に渡ってご理解していただくことを目的にしています。この15章はまるで楽しくわかりやすい授業を受けているような雰囲気になっていますので、あっという間に読み終えられると思います。そして、各章の問題を解きながら、何度も繰り返し活用していただければ、みなさんの英語を読み、書き、話す力は飛躍的に向上していくと確信しています。

　　　　　　　　　　　　　　　　　　　　　　　　石渡一秀

目次

はじめに 3
文の成り立ち 8

Part 1　SとVを中心とした文 9

第1章　動詞と基本文型 10
1 第1文型、第2文型、第3文型 11
2 第4文型、第5文型 16
ポイントチェック！ 20

第2章　動詞と基本時制 24
1 現在と過去 25
2 未来形と進行形 28

第3章　完了形を加える場合 32
1 現在完了 33
2 過去完了 37
3 未来完了 41
ポイントチェック！ 44

第4章　助動詞を加える場合 48
1 can、may、must 49
2 should、will、would、shall 54
3 助動詞の重要表現 58
ポイントチェック！ 62

第5章　受動態を加える場合　66
1 基本的な受動態の形　67
2 受動態のさまざまな形　70
3 注意すべき受動態　74
ポイントチェック！　78

Part 2　SとVに2語以上の表現を加える場合　83

第6章　不定詞を加える場合　84
1 不定詞の基本用法　85
2 不定詞の意味上の主語　89
3 原形不定詞　93
4 完了形の不定詞、不定詞の重要表現　96
ポイントチェック！　102

第7章　動名詞を加える場合　106
1 動名詞の基本用法　107
2 動名詞の意味上の主語と完了形　111
3 動名詞の重要表現　115
4 動名詞と不定詞　119
ポイントチェック！　124

第8章　分詞を加える場合　128
1 名詞を修飾する用法　129
2 補語になる用法　133
3 分詞構文その1　137
4 分詞構文その2　140

5 分詞の重要表現　144
ポイントチェック！　148

第9章　前置詞を加える場合　152
1 前置詞の基本的な働き　153
2 場所を表す前置詞　157
3 時を表す前置詞　162
4 その他の注意すべき前置詞　165
ポイントチェック！　170

Part 3　SとVに主語や動詞をともなう表現を加える場合　175

第10章　関係詞を加える場合　176
1 関係代名詞 who、whom、whose　177
2 関係代名詞 which、that、whose　180
3 前置詞と関係代名詞、what、継続用法　185
4 関係副詞 where、when、why、how　189
5 複合関係詞　193
ポイントチェック！　198

第11章　接続詞を加える場合　204
1 等位接続詞　205
2 名詞節を導く従属接続詞　210
3 副詞節を導く従属接続詞　214
4 接続詞の重要表現　219
ポイントチェック！　222

第12章 比較級を加える場合 228
1 原級、比較級の表現 229
2 最上級の内容を表す原級・比較級の表現 233
3 比較級の重要表現 237
ポイントチェック！ 242

第13章 仮定法を加える場合 248
1 仮定法過去と仮定法過去完了 249
2 仮定法の重要表現その1 252
3 仮定法の重要表現その2 257
4 ifの代わりになる表現 260
ポイントチェック！ 264

Part 4　その他の表現を加える場合 271

第14章 否定の表現を加える場合 272
1 否定語、準否定語を用いた否定 273
2 否定の重要表現 278
ポイントチェック！ 282

第15章 注意すべき構文を加える場合 286
1 強調、倒置、省略構文 287
2 無生物主語、名詞構文 293
ポイントチェック！ 298

英文の成り立ち

これからみなさんと一緒に英文法を勉強していくにあたって、まず確認していただきたいことは、英文はどのように成り立っているかということです。みなさんにまずお聞きしたいことがあります。それは…、

■ **英文はどのようにできているのでしょうか？**

$$S + V + α$$

どんな英文も主部 S と述語 V にさまざまな表現 α が加わって成り立っています。

主部とは主語が中心となった部分で、名詞や代名詞からできています。述語は動詞を中心とした部分で主部の動作や状態を表します。また α は前置詞（in, at）や接続詞（when, because）などではじまる表現です。

たとえば、次の例文を考えてみましょう！

I work in Yokohama.　私は横浜で働いています。

この文では I (S) と work (V) に in Yokohama という表現 α が加わって成り立っています。

この本を通して、S と V にさまざまな表現を加えていけば誰でも内容のある英文を読んだり、書いたり、話したりできるようになることをみなさんとめざしていきたいと思います。一歩ずつ頑張っていきましょう！

Part 1

SとVを中心とした文

第1章 動詞と基本文型

この章では英語の基本文型について勉強していきましょう。英文はSとVにさまざまな要素αが加わって成り立っていましたね。基本文型はSとVにC（補語）やO（目的語）が加わったものと理解していきましょう！

イメージ図

$$英文 = S + V + \begin{matrix} C \\ O \\ OO \\ OC \end{matrix}$$

英語には5つの基本文型があって、どんな文もそのひとつになります。でもその大切な文型もSとVが中心でそれにCやOが加わっているだけなんです。

英語の基本文型のポイント

1. 英文＝SとVにCやOが加わって成り立っています。

2. 英語の基本文型
   - 第1文型　S+V
   - 第2文型　S+V+C
   - 第3文型　S+V+O
   - 第4文型　S+V+O+O
   - 第5文型　S+V+O+C

1 第1文型、第2文型、第3文型

➡ここでは、SとVを中心としてその後ろに補語や目的語が加わっていく第1、第2、第3文型の勉強をしていきましょう！ いつも英文はSとVが中心で、それにさまざまな表現が加わっていく、ということを忘れないでくださいね。

例文

(1) Our school begins in September. 第1文型
　私たちの学校は9月に始まります。

(2) Bob looks tired today. 第2文型
　ボブは疲れているように見える。

(3) She loves her children. 第3文型
　彼女は子供たちを愛しています。

この3つの例文はぜひ覚えて下さいね！

ここがポイントです！

英文は主語と動詞にさまざまな要素が組み合わさって成り立っていましたね。ここでは、その主語と動詞を中心とした、最初の3つの文型について一緒に勉強していきましょう。

❶ 第1文型　S＋V〜＝Sは〜する

(1) Our school begins in September.

この文型はS（主語）とV（動詞）で意味が通じる文章です。ここで用いられる動詞は自動詞と呼ばれ、それだけで意味が成立する動詞です。注意してほしいのは、S＋Vの文型には、例文（1）のように

前置詞＋名詞が加わっている場合が多いということなんです。この文型の例をもう少しあげておきますね。

例

My grandfather lives in that house.
私の祖父があの家に住んでいます。
He swims in the pool every day.
彼は毎日、プールで泳ぐ。
The players arrived at the station at ten.
選手たちは10時に駅に着いた。

❷ 第2文型 S＋V＋C＝SはCである

(2) Bob looks tired today.

　この文型では、S＋Vの後ろにC（補語）と呼ばれるものを必要としています。この文型で用いられる動詞は、後ろに補語がないと成り立たない動詞です。補語はことばからもおわかりの通り、何かを補ってくれる語です。この場合の補語は、Sの補足説明をしてくれるありがたい存在なので大切にしてくださいね。例文（2）ではtiredが補語なんですが、この「疲れている」という意味の補語がBobの様子を説明してくれているんです。この文型の例も、もう少しあげておきましょう。

例

This apple tastes good.　　このリンゴはおいしい。
She kept silent.　　　　　彼女は黙ったままだった。
My dream came true.　　　私の夢はかなった。

第1章 動詞と基本文型

3 第3文型　S＋V〜＋O＝SはOを〜する(している)

(3) She loves her children.

　この文型ではS＋Vの後ろに「〜を」にあたるO（目的語）が置かれていますね。この文型でも動詞に注目してみましょう！ここで用いられている動詞は他動詞と呼ばれていて、後ろに何をする（している）のかを示す言葉の存在がないと意味が成り立たない動詞なんです。だから、「〜を」にあたる名詞が置かれているということを理解してくださいね。もう少し例を見てみましょう。

例
He cleaned his room.
彼は部屋を掃除した。
I dreamed a sweet dream last night.
昨夜、私はすてきな夢を見た。
She put the book on the table.
彼女はその本をテーブルに置いた。

> **プラスα**
> 第2文型と第3文型を見分けるのは難しいですね。見分けるには、第2文型はSとCがイコールの関係にあるが、第3文型ではSとOがイコールではない、と覚えておくといいでしょう。

例
① Tom became a doctor.　トムは医者になった。
② Tom cleaned the room.　トムは部屋を掃除した。

　①の文は、Tom と doctor でイコールの関係が成り立つので、第2文型ですね。②の文では、Tom と the room はイコールではないので第3文型になるんです。

　第2文型で用いられる動詞は、とても大切なのでぜひ覚えてくださいね！第2文型で用いられる動詞は、主に次の4つに分類されます。一度にたくさんの動詞を覚えようとするより、この4つの大きな意味を理解することをおすすめします！

①「〜のままである」（状態）：remain, keep
　Jane kept silent for a long time.
　ジェーンは長い間黙ったままだった。
②「〜のようだ」（様子・外見）：look, seem, appear
　He seems very happy about the news.
　彼はその知らせにとても喜んでいるようだ。
③「〜になる」（変化）：become, get, turn
　We got angry at his words.
　私たちは彼のことばに腹が立った。
④「〜の感じがする」（感覚）：feel（〜と感じる）、smell（〜のにおいがする）、taste（〜の味がする）、sound（〜に聞こえる）
　The story didn't sound true.
　その話は本当のようには聞こえなかった。

第1章 動詞と基本文型

> **プラスα**
>
> 日本語に引きずられて、自動詞と間違えて前置詞をつけてしまいやすい他動詞に注意してくださいね。
>
> | | | | |
> |---|---|---|---|
> | discuss | ～について議論する | marry | ～と結婚する |
> | reach | ～に着く | resemble | ～に似ている |
> | enter | ～に入る | approach | ～に接近する |
>
> **例**
>
> We discussed (× about) the problem.
> 私たちはその問題について話し合った。
> I'm going to marry (× with) her next month.
> 私は来月、彼女と結婚します。

ポイントの整理

1 第1文型 → S + V
2 第2文型 → S + V + C
3 第3文型 → S + V + O

2 第4文型、第5文型

➡ここで扱う文型は第4文型と第5文型です。5つの文型のなかで一番複雑に思われていますが、心配はいりません。この2つの文型もSとVにOやCが加わっただけなのですから。

例文

(1) Jim gave Sally a present. 第4文型
ジムはサリーにプレゼントをあげた。

(2) His words made her happy. 第5文型
彼の言葉は彼女を幸せにした。

ここがポイントです！

① S + V~ + O人 + O物 = Sは人に物を~する

(1) Jim gave Sally a present.

この文型はS+Vの後に2つの目的語が置かれています。1つ目の目的語には人を表す名詞が、2つ目の目的語には物を表す名詞がきていて、「Sは人に物を~する」という意味を表します。

ここで用いられる動詞は第3文型で勉強した他動詞で、特に「授与動詞」と呼ばれているんです。この文型で用いられている動詞は、意味の上から2つのグループに分けることができます。

① give のグループ（だれかに何かをあげる）
give（与える）、hand（手渡す）、lend（貸す）、send（送る）、show（示す）、teach（教える）、tell（話す）

例

I sent Bob an e-mail from New Zealand.
私はニュージーランドからボブに E メールを送った。
The teacher told us a funny story.
その先生は私たちにおもしろい話をしてくれた。

② buy のグループ（だれかに何かをしてあげる）
buy（買う）、choose（選ぶ）、find（見つける）、get（手に入れる）、make（作る）、leave（残しておく）

例

Lisa made her sister a picnic lunch.
リサは妹にピクニックのお弁当を作った。
Please find me my ball.
私のボールを見つけてください。

〈S＋V＋O 人＋O 物〉を〈S＋V＋O 物＋to / for ＋O 人〉で書き換えることができますが、ニュアンスが微妙に違います。前置詞を用いると to や for 以下を強調することになるのです。英語では強調したい部分を後ろに置く傾向があるんです。

① give のグループは、S＋V＋物＋to ＋人で書き換えられます。
　Lisa teaches children music.
　→ Lisa teaches music to children.
② buy のグループは、S＋V＋物＋for ＋人で書き換えられます。
　He got the lady some water.
　→ He got some water for the lady.

❷ S + V～ + O + C = S は O を C に～する。

(2) His words made her happy.

　この文型は、S + V の後に O（目的語）と C（補語）が置かれていますね。注意してほしい点は、この場合の補語は、第2文型の補語と違って O のことを補足説明してくれていることです。そのために、O と C の間にはイコールの関係が成り立っているんです。この文型で用いられている動詞は次の3つのグループに分けることができます。

① 「O を C にする」：make（～にする）、keep（～にしておく）、
　　　　　　　　　　leave（～のままにしておく）、paint（～に塗る）

例
She always keeps her room clean.
彼女はいつも自分の部屋をきれいにしている。
Don't leave the door open.
ドアを開けたままにしてはいけません。

② 「O を C と呼ぶ」：call（～と呼ぶ）、name（～と名づける）、
　　　　　　　　　　elect（～に選ぶ）

例
They named the baby Takuya.
彼らはその赤ちゃんをタクヤと名づけた。
We elected her mayor.　私たちは彼女を市長に選んだ。

③「OをCと思う」：find（〜とわかる）、think（〜と思う）、consider（〜と考える）

例

I found the book interesting.
私はその本がおもしろいとわかった。
We think the project very useful.
私たちはその計画をとても役に立つものと思っている。

> **プラスα**
> S＋V＋O＋OかS＋V＋O＋Cかに注意しましょう！
> この2つの文型は、両方ともVの後ろに2つのものを置きますね。そこを見分けることがとても大切です。

① We made him a birthday cake.
　私たちは彼にバースデーケーキを作った。
② We made him captain of our team.
　私たちは彼をチームのキャプテンにした。

　①では him = a birthday cake が成立しませんが、②では him = captain of our team が成立します。①のようにイコールの関係が成り立たないときは S＋V＋O＋O、②のようにイコールの関係が成り立つときの文型は S＋V＋O＋C だと理解してください。

ポイントの整理

1　第4文型　→　S＋V＋O＋O
2　第5文型　→　S＋V＋O＋C

ポイントチェック！

1 （注意すべき動詞に関する問題） 次のかっこ内より適切な語を選んでください。

1. The woman was (**lying**, **laying**) on the couch.
   その女性はソファーの上で横になっていた。

2. (**Raise**, **Rise**) your hand if you know the answer.
   答えがわかっている人は手を上げなさい。

3. We (**discussed**, **discussed about**) the problem.
   私たちはその問題について討論した。

4. Jane (**resembles to**, **resembles**) her mother very well.
   ジェーンは彼女のお母さんによく似ています。

5. She (**graduated**, **graduated from**) Nagasaki University.
   彼女は長崎大学を卒業した。

2 （第1、2、3文型に関する問題） 次の各文のかっこ内より適切な語を選んでください。

1. The beautiful castle (**was standing**, **stood**) on the hill.
   その美しい城は丘の上に立っていた。

2. My aunt (**looks**, **sees**) younger for her age.
   私の叔母は歳のわりには若く見える。

3. Your plan (**sounds**, **feels**) good.
   あなたの計画はよさそうだ。

解答と解説

lying ▶ lie 自「横たわる」と lay 他「横たえる」の違いに注意しましょう。この場合は「横たわっていた」とあるので lie の現在分詞である lying が正解になりますね。

Raise ▶ rise 自「上がる」と raise 他「上げる」の違いも要注意ですね。この場合は「手を上げなさい」なので raise を選びましょう。

discussed ▶ discuss は「〜について話し合う」という意味の他動詞なので about はいりません。日本語に惑わされないでくださいね。

resembles ▶ resemble も「〜に似ている」という意味の他動詞なので前置詞はいりませんね。

graduated from ▶ graduate は自動詞なので前置詞 from が必要になりますね。

stood ▶ この場合の stand は、「立っている」という意味の状態を表す自動詞なので、過去進行形の形を選ばないでくださいね。

looks ▶ look〜は「〜に見える」という意味の動詞で補語を必要とします。

sounds ▶ sound 〜も後ろに補語が必要な動詞です。意味は「〜そうだ」となりますね。

4. Did you enjoy (**yourself**, **itself**) at the party?

5. Please help (**yourself**, **themselves**) to the cake.
どうぞお菓子を自由に取って食べてください。

3 (第4、5文型に関する問題) 次の各文のかっこ内より適切な語を選んでください。

1. Mary (**bought me this bag**, **bought this bag me**) at the store.
メアリはその店で私にこのバッグを買ってくれた。

2. My uncle found a job (**to**, **for**) me.
おじは私のために仕事を見つけてくれた。

3. Don't (**leave**, **keep**) the door open.
ドアを開けたままにしておいてはいけない。

4. I found the book (**interested**, **interesting**).
私はその本がおもしろいことがわかった。

5. The news made us (**surprised**, **surprising**).
そのニュースを聞いて私たちは驚いた。

第 1 章 動詞と基本文型

yourself ▶ enjoy は「〜を楽しむ」という意味の動詞で、後ろに目的語を必要とします。enjoy oneself は「自分自身を楽しむ」という意味から「楽しむ」という意味になるんですね。yourself になるのは主語が you だからです。

yourself ▶ help も目的語をとる動詞で、help yourself to 〜で「〜を自由にとって食べる」という意味になりますよ。

bought me this bag ▶ bought は目的語を 2 つとる動詞で、buy ＋ O 人＋ O 物という語順になるので、bought me this bag を選んでくださいね。

for ▶ found も目的語を 2 つとる動詞で、これを前置詞を用いて書くと find ＋ O 物＋ for ＋ O 人となりますね。

leave ▶ leave は目的語と補語をとる動詞で、leave ＋ O ＋ C「O を C のままにしておく」という意味になりますね。keep も目的語と補語をとりますが、意味は「O を C にしておく」となり微妙な違いがあります。

interesting ▶ find は目的語と補語をとると「O が C であることがわかる」という意味になりましたね。補語になる interesting は「おもしろい」、interested は「興味をもった」なので interesting を選んでくださいね。

surprised ▶ make は、目的語と補語をとると「O を C にする」となりますね。surprising は「驚くべき」、surprised は「驚く」なので surprised を選びましょう。

23

第2章 動詞と基本時制

He plays soccer.
He is playing soccer.

この章では英語の基本時制について勉強しましょう！基本時制とは現在、過去、未来です。どの時制も奥が深く興味深いですよ！

イメージ図

A　過去　今　未来

B　今

Aを表す He plays soccer.「彼はサッカーをする」という文は今を中心として過去、未来にも広がった感じを与えます。一方Bを表す He is playing soccer.「彼はサッカーをしている」という進行形の文は今だけサッカーをしているという一時的な動作を表しているんですね。

基本時制のポイント

1　基本時制の発想
 - 現在の状態、習慣、事実、真理など
 - 過去の状態、習慣、動作など
 - 未来の予測や意図・計画など

2　基本時制のパターン
 - 現在(動詞にsやesをつける場合あり)
 - 過去(動詞にedやdをつけたり、変化させる)
 - 未来　will+動詞
        be going to+動詞

第 2 章 動詞と基本時制

１ 現在と過去

➡ここでは時制の一番の基本、現在と過去を勉強していきましょう。動詞の部分が現在、過去になると、どのようになっていくかということと、それぞれの時制のもつ意味をしっかりと理解していきましょう！

例文

(1) He usually goes to school by bus.
彼はふつうバスで通学しています。

(2) The soccer game started at 7:00.
サッカーの試合は 7 時に始まった。

ここがポイントです！

１ 現在形

(1) He usually goes to school by bus.

現在形は、現在だけのことを言う時に使われると思われがちですが、とても奥が深いのです。実は『現在』を中心として、過去から未来にわたる、長い期間の動作や状態を表しているんです。

例えば、例文（1）では、「彼はバスで通学する」は『現在』はもちろんのこと、過去（入学時）から未来（卒業時）にわたって繰り返される動作と考えてくださいね。

現在形は、このように幅広い時を意味することから、①現在の状態、②現在の習慣、③不変の事実という 3 つの意味のいずれかを表しています。例文（1）は②を意味していますが、①や③の例も見てみましょう。

例

I know his e-mail address.（①現在の状態）
私は彼のメールアドレスを知っています。
Light travels faster than sound.（③不変の事実）
光は音よりも速く伝わる。

❷ 過去形

(2) The soccer game started at 7:00.

　過去形は、過去の出来事について言う時に使われ、動詞の形を過去形にします。過去形になると、①過去のある期間における状態。②過去のある期間に繰り返し行なわれた動作。③過去のある時点で1度だけ行なわれた動作。のいずれかを表しているので注意してくださいね。例文（2）は③の過去のある時点での動作を表しているのがわかると思います。では、①と②の例もみておきましょう。

例

（①過去のある期間における状態）
I lived in Hokkaido when I was small.
幼いころ、私は北海道に住んでいました。

（②過去のある期間に繰り返し行なわれた動作）
We often played together in our childhood.
私たちは子供のころよくいっしょに遊んだ。

プラスα

現在形の注意すべき用法がもう1つあります。それは、「現在形は確定している予定を表すことができる」ということです。この用法もよく使われるので注意していきましょうね。

例

The express train leaves at noon.
その急行列車は正午に出発します。

What time does the plane arrive at Haneda?
その飛行機は羽田に何時に到着しますか？

ポイントの整理

1　現在形
　　→①現在の状態　②現在の習慣　③不変の事実　を表す。

2　過去形
　　→①過去の動作や状態　②過去の習慣
　　　③過去のある時点での動作　を表す。

2 未来形と進行形

➡ここでは、２つ目の基本時制の未来形と進行形について勉強しましょう！両方ともすでに中学で習っていますが、もう少し深いところまで取り上げていきますね。

> **例文**
> (1) The phone is ringing. I will answer it.
>   電話が鳴っている。私がとりましょう。
> (2) He is talking on the phone.
>   彼は今電話で話しています。
> (3) I'm seeing Karen tonight.
>   私は今夜カレンと会います。

ここがポイントです！

1 未来形

(1) The phone is ringing. I will answer it.

　未来形はこれからのことを言う時に使われます。未来を表すには次の２つの方法がありましたね。
　　① will ＋動詞の原形
　　② be going to ＋動詞の原形

　①の場合は「～だろう」（単純未来）という未来の予測や、自然の成り行きを表す場合と、「～するつもり、～します」（意志未来）という主語の意志を表す場合があります。例文（1）は、「～します」とい

う意志未来を表していますね。単純未来の will だと次のような例になります。

例

I will be sixteen years old next year.
私は来年 16 歳になります。

では、次に②の be going to について考えてみましょう。be going to の場合には、「〜する予定だ」という予定・計画を表す場合と、「〜しそうだ」という近い未来の予測を表す場合があります。次の例を通して考えてみましょうね。

例

I'm going to go shopping tomorrow.
私は明日、買い物に出かける予定です。

この文では、「〜する予定だ」という予定・計画を表していますね。be going to は、このようにあらかじめ予定や計画をしていたことを言いたい時に使われますが、will はその時に決めたことを言う時に使われる傾向があります。次の例はどうですか？

例

Look at the sky. It's going to snow.
空を見て。雪がふりそうだ。

これは、「〜しそうだ」という近い未来の予測を表していますね。be going to がこのような意味で使われるのは、何かの兆候や気配がある場合だということも注意しておいてくださいね。

❷ 進行形

(2) He is talking on the phone.

　現在進行形は〈is(am/are)＋動詞ing〉で表し、「現在行なわれている動作」について言いたい時に使われましたね。例文(2)では、「彼の今まさに電話で話している動作」を表しています。

　進行形はまた、現在だけでなく過去や未来でも使えることを知ってほしいと思います。過去進行形は〈was(were)＋動詞ing〉で「過去のある時点で行なわれていた動作」を表し、未来進行形は〈will＋be＋動詞ing〉で「未来のある時点で行なわれているであろう動作」を意味します。では、この２つの例を見てみましょうね。

例
My son was sleeping when I came home.
私が帰宅したとき息子は眠っていた。
She will be coming here next week.
彼女は来週にここに来る予定です。

❸ 注意すべき進行形

(3) I'm seeing Karen tonight.

　進行形には注意すべき用法があるので、取り上げておきましょう。それは、あらかじめ予定に入っていることも、進行形で表すことができるということなんです。例文(3)はまさにその例ですね。この表現には、そのことに気持ちが向いているニュアンスが感じられます。

第2章 動詞と基本時制

プラスα

whenやifなど、「時」や「条件」の中では「実際にありうる」ことを考えているので、下の例①のように、現在形で未来を表すことができます。ただ、動詞の後ろに置かれて目的語になるときは、②のように未来形を使ってくださいね。

例

① We'll start the meeting when she comes back.
彼女が戻ったら会議を始めます。

② I don't know when she will come back.
彼女がいつ戻るかわかりません。

プラスα

進行形で使える動詞は「動作」を表す動詞です。「状態、感覚、心理などを表す動詞」は、ふつう進行形にしないので注意してくださいね。

例

She resembles her grandmother.
彼女はおばあさんに似ています。
I love my family very much.
私は家族をとても愛しています。

ポイントの整理

1 未来形→ will+ 動詞の原形や be going to+ 動詞の原形で表す。
2 現在、過去、未来の進行形→ is (am／are) + 動詞 ing、
　　　　was (were) + 動詞 ing、will+be+ 動詞 ing で表す。

第3章 完了形を加える場合

I have cleaned my house.

この章では完了形について勉強しましょう！完了というと「ある動作を完了した」ことを連想しませんか？ 完了形は have を伴い完了した動作をもっていると理解してみましょう！

イメージ図

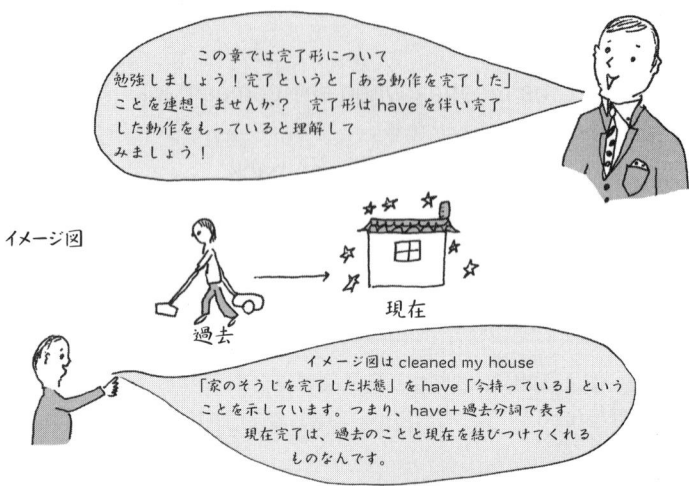

イメージ図は cleaned my house「家のそうじを完了した状態」を have「今持っている」ということを示しています。つまり、have＋過去分詞で表す現在完了は、過去のことと現在を結びつけてくれるものなんです。

完了形のポイント

1. 完了形の発想→have＋過去分詞で完了した動作をもっているという意味を表している。

2. 完了形の基本パターン
   - 現在完了…過去と現在を結びつけている（＝have＋過去分詞）
   - 過去完了…過去とそれより前の過去を結びつけている（had＋過去分詞）
   - 未来完了…現在と未来のある時点を結びつけている（will have＋過去分詞）

第3章 完了形を加える場合

① 現在完了

➡ここでは、現在完了について勉強していきましょう！現在完了は「過去のことが現在とどのように結びついているか」を示す時制でしたね。この基本事項をいつも大切にしてください。

例文

(1) I have just sent you an e-mail.
  私はあなたにEメールを送ったところです。

(2) She has visited the museum twice.
  彼女はその美術館を2度訪れたことがある。

(3) We have lived in this town for ten years.
  私たちはこの町に10年住んでいます。

この3つの例文はぜひ覚えて下さいね！

ここがポイントです！

現在完了とは、現在と過去とを関連づけて表す時制で、〈have（has）＋過去分詞〉で表すことができましたね。では、単なる過去の文章と比較しながら、もう少し現在完了について考えていきましょう。

① She went to Okinawa.
② She has gone to Okinawa.

例えば、上の2つの文は、「彼女は沖縄に行った。」と訳せますが、①の文は、単に「行った」という過去の事実だけを表しているのに対して、②の文は「彼女は沖縄に行って今はここにいない」という現在の状況まで表しているのがわかるかと思います。

現在完了を図で示すと次のようになります。

過去　　　　　　　現在　　　　　　　　　　未来
　　　▽　　　　　　　　▽
　　　　　　　現在完了

　次に、現在完了の意味をもう少し細かくみていきましょう！　現在完了は大きく分けて次の3つの意味があるんです。

❶ 現在完了の完了・結果

(1) I have just sent you an e-mail.

　過去に始めたことが現在までに完了していることを表し、「(今)～したところだ、～してしまって(今)…だ」という意味になります。例文(1)では「過去のある時に書きはじめたEメールを今あなたに送ったところ」ということを意味していますね。
　完了・結果の用法は have just～, have already～, Have you～ yet? haven't～yet で表すことが多いので判断の基準にしてください。

例
The bus has already left.　バスはすでに出ています。
Has your son applied for the job yet?
息子さんはもうその仕事に応募しましたか？

❷ 現在完了の経験

(2) She has visited the museum twice.

第 3 章 完了形を加える場合

「(今までに) 〜したことがある」という現在にいたるまでの経験を表す。例文 (2) では「今までに 2 度その美術館を訪れたことがある」という経験を意味しています。

経験の用法は、have never〜, Have you ever〜?, have〜 before (once, twice, three times, many times…), have been to 〜で表すことが多いです。

例

Have you ever been to China?
今までに中国に行ったことがありますか。
My sister has been abroad many times.
私の姉は何度も海外に行ったことがある。

❸ 現在完了の継続

(3) We have lived in this town for ten years.

「(今まで) ずっと〜である」という過去のある時から現在まである状態が継続していることを表します。例文 (3) は「この町に住んでいる状態が 10 年続いている」という継続を意味しています。

継続の用法は、have〜for (since) …, How long〜? で表すことが多いです。

例

I've been studying ballet since I was seven.
私は 7 歳のときからバレエを習っている。
How long have you been waiting here?
どのくらいここで待っていますか？

プラスα

現在完了は現在とつながりがある時制なので、明らかに過去を表す語句とあわせては用いられないということを知っていてくださいね！

例
- × When did he get to Paris?
  彼はいつパリに着いたのですか？
- ○ I haven't seen the actor recently.
  その俳優を最近みていません。

プラスα

「…して〜年になる」はさまざまな表現で表すことができます！

例
私たちは結婚して10年になる。
We have been married for ten years.
Ten years have passed since we got married.
It is (has been) ten years since we got married.

ポイントの整理

1 現在完了の完了・結果 → have just〜, have already〜, Have you〜yet?, haven't〜yet
2 現在完了の経験 → have never〜, Have you ever〜?, have〜before (once, twice, three times, many times…), have been to 〜
3 現在完了の継続 → have〜for (since) …, How long〜? (状態の継続), have been 〜ing　for… (動作の継続)

2 過去完了

➡ ここでは過去完了について勉強しましょう！過去完了は「過去のある時点を基準にそれよりも前のこと」を表す時制でしたね。この基本を念頭に過去完了について少し細かく見ていきましょう！

例文

(1) The train had already left when we got to the station.
私たちが駅に着いた時、電車はすでに出てしまっていた。

(2) I had often heard of her before I met her.
私は彼女に会う前から彼女のうわさをよく聞いていました。

(3) He had been ill in bed for a week when I called on him.
彼を訪ねたとき、彼は1週間病気で寝ていた。

(4) He gave her a pendant which he had bought in Paris.
彼は彼女に、パリで買ったペンダントをあげた。

この4つの例文は必ず覚えて下さいね！

ここがポイントです！

過去完了は、〈had＋過去分詞〉で表し、過去のある時点にいたるまでの完了・結果、経験、継続および過去からさらにさかのぼった過去を意味します。〈今〉と〈今まで〉をつなげて考えるのが現在完了形でしたが、過去完了では〈過去のある時点〉と〈その時以前〉をつなげて考えてくださいね。ですから過去完了には必ず、過去のある時点を表す表現が必要になってくるんです。

❶ 完了・結果

(1) The train had already left when we got to the station.

　過去完了が完了を意味するときは、「過去のある時点までに何かが完了していた」ということになります。例文 (1) は「私たちが駅についたとき」という過去の一時点まで振り返ってみて、その時までに「すでに発車してしまった」ということを表しているので過去完了の完了を意味していることになるんです。結果の意味を表す例もあげておきますね。

例

I didn't know my father had bought a new computer.
父が新しいコンピュータを買ったことを知らなかった。

❷ 経験

(2) I had often heard of her before I met her.

　過去完了が経験を意味するときは、「過去のある時点までに何かを経験していた」ことを意味します。例文 (2) は「私が彼女に会った」という過去の一時点までに「彼女のうわさを聞いていた」という経験を表していますね。経験の例ももう1つみてください。

例

I hadn't met him until the meeting last week.
先週の会議まで、彼に会ったことはなかった。

③ 継続

(3) He had been ill in bed for a week when I called on him.

　過去完了が継続を意味するときは、「過去のある時点まで何かが継続していた」ことを意味します。例文（3）では「私が訪ねた」という過去の一時点までに「彼は1週間病気で寝ていた」という継続を表しているんです。動作の継続は次のようになります。

例

I had been waiting for you for one hour when I got your message.
あなたの伝言を受け取ったとき、私はあなたを1時間待っていました。

④ 過去からさらにさかのぼった過去

(4) He gave her a pendant which he had bought in Paris.

　過去完了が過去からさらにさかのぼった過去を意味する時は、「過去のある時点より前に何かが起こっていた」ことを意味しています。例文（4）は「彼がペンダントを買った」のは「彼女にペンダントをあげた」ということの前に行なったことを意味してますね。一言でいうと過去からさらにさかのぼった過去の行為であることを意味しています。この用法の例ももう1つみておきましょうね。

例

I found that I had fallen asleep on the sofa.
私はソファの上で寝てしまっていたことに気づいた。

> **プラスα**
>
> 　接続詞によって時の前後関係が明らかな場合でも、過去よりもさらにさかのぼった過去であることをはっきりと示したいときには、過去完了が用いられますよ。
>
> **例**
> I reached the station after the train had left.
> 私が駅に着いたときには、列車はもう出てしまっていた。
> When he had shut the window, we opened the door of the cage.
> 彼が窓をしっかりしめると、私たちは鳥かごの戸をあけた。

> **プラスα**
>
> 　ago も before も「〜前」という意味ですが、ago は「今」を基準として「〜前」の意味なので過去形とともに用いるのに対し、before は「過去の時点」を基準にして「〜前」の意味を表すので過去完了とともに用いられることに注意しましょう。
>
> **例**
> I went all the way to meet my aunt a week ago, but she had left for Europe a few days before.
> １週間前に、はるばるおばを訪ねて行ったのだが、彼女は数日前にヨーロッパに出発していた。

ポイントの整理

過去完了→〈had ＋過去分詞〉で表し、過去のある時点にいたるまでの完了・結果、経験、継続および過去からさらにさかのぼった過去を意味する。

第 3 章 完了形を加える場合

③ 未来完了

➡ここでは最後の完了形、未来完了形について勉強していきます。未来完了は「未来のある時点までに起こっているであろうこと」を言い表す時制ですね。

例文

(1) By next Monday I will have finished my homework.
来週の月曜までには私は宿題を終えているだろう。

(2) I will have been to Paris three times if I go there again.
もう一度パリへ行くと、私はそこへ3回行ったことになる。

(3) My parents will have been married for twenty years tomorrow.
明日で私の両親は結婚して20年になる。

ここがポイントです！

未来完了は、〈will + have + 過去分詞〉で表し、未来のある時点での結果、経験、継続を意味します。そのためにいつも未来を表す表現が一緒に使われるので注意してくださいね。

1- 完了・結果

(1) By next Monday I will have finished my homework.

41

未来完了形の「完了・結果」は、未来のある時点での動作・行為の完了とその結果生じた未来の状況を表します。例文（1）では「来週の月曜」という未来の時点までに「宿題を終えている」（完了）という未来の状況を表していますね。結果の例も見ておきましょう。

例

She'll have heard the news by tomorrow.
彼女は明日までにそのニュースを聞いているだろう。

❷ 経験

(2) I will have been to Paris three times if I go there again.

　未来完了形の『経験』は「（未来のある時点までに）〜したことになるだろう」という未来のある時点までの経験を表します。例文（2）では「もしもう一度そこに行けば」という未来の時点までに「3回パリに行くことになる」という経験を表していますね。経験の例ももう1つあげておきましょう。

例

In June I'll have been here for three years.
6月で私はここに来て3年になります。

❸ 継続

(3) My parents will have been married for twenty years tomorrow.

　未来完了形の「継続」は「（未来のある時点まで）ずっと〜してい

るだろう」という未来のある時点までの状態の継続を表します。例文(3)では「明日で」という未来の時点において「私の両親は結婚して20年続いていることになる」という継続を表しているんです。動作の継続の例には次のような文が考えられます。

例

My uncle will have been working for the factory for twenty years next year.
私のおじは、来年で20年間その工場で働いていることになります。

> **プラスα**
>
> 時・条件を表す副詞節の中では、未来完了の意味を表していても現在完了を使います。現在完了形が使われるのは完了・結果、経験、継続の意味を強調したいときや、未来に実際に起こるということを強調して言いたい時になんです。
>
> **例**
> When we've had lunch, we'll go for a walk.
> 昼食を終えたら、私たちは散歩に行きます。
> If he has finished his work by six o'clock, we will be able to take him with us.
> 彼が6時までに仕事を終えれば、一緒に連れていけるでしょう。

ポイントの整理

未来完了→〈will + have + 過去分詞〉で表し、未来のある時点の表現（By〜, if 〜 again, tomorrow など）を伴い、その時点にいたるまでの結果、経験、継続を意味する。

ポイントチェック！

1 （基本時制に関する問題）次の各文のかっこ内より適切な語を選んでください。

1. There (**went**, **goes**) the bell. Time is up.
   ベルが鳴りました。もう時間です。

2. He (**crossed**, **was crossing**) the street when the accident happened.
   事故が起こったとき、彼は道路を横断中だった。

3. She (**belongs**, **is belonging**) to the music club.
   彼女は音楽クラブに所属している。

4. Let's go for a drive if it (**will be**, **is going to be**, **is**) fine tomorrow.
   明日天気ならドライブに出かけよう。

5. I don't know when he (**will come**, **comes**).
   彼がいつ来るか知らない。

2 （現在完了に関する問題）次の各文のかっこ内から適切な語を選んでください。

1. (**Have**, **Has**) you answered her e-mail yet? - Yes, I have.
   彼女のEメールにもう返事をしましたか？ － はい、しました。

2. When (**did he**, **has he**) come home?
   彼はいつ帰宅しましたか？

3. This is the most beautiful picture that I (**have**, **has**) ever seen before.
   これは今までに見た中でもっとも美しい絵です。

4. He (**has been dead**, **has died**) for five years.
   彼が死んで5年になる。

第3章 完了形を加える場合

解答と解説

went ▶「鳴りました」なので過去の動作を表す went を選びましょう。

was crossing ▶「横断中だった」なので過去の一時点での進行中の動作を表す過去進行形を選んでください。

belongs ▶「〜に所属している」という意味なので現在の状態を表す現在形が答えになりますね。

is ▶条件・時を表す表現の中では現在形が未来の代わりをするので現在形を選んでくださいね。

will come ▶時を表す表現の中ですが、know の目的語になっているので未来形を選んでください。

Have ▶「もう〜しましたか？」を意味するのは現在完了の完了を表す用法でしたね。主語が you なので答えは Have になりますね。

did he ▶ when のように明らかに過去を表す語句と一緒に現在完了は使えないので過去形を選びましょう。

have ▶「今までに見た」を表すには現在完了の経験でしたね。

has been dead ▶「亡くなっている状態が 5 年になる」と理解して状態の継続を表す表現の has been〜を選びましょう。

45

5. Nancy (**has been cleaning her room**, **has cleand her room**) since this morning.
ナンシーは今朝から部屋の掃除をしています。

3 (過去完了、未来完了に関する問題) 次の各文のかっこ内より適切な語を選んでください。

1. He (**has**, **have**, **had**) already left home when I called him.
私が電話をしたとき、彼はもう家を出ていた。

2. I lost the camera that I (**had borrowed**, **borrowed**) from her.
私は彼女から借りたカメラをなくした。

3. I (**have finished**, **had finished**, **will have finished**) my homework by five.
私は5時までには宿題をし終えているだろう。

4. If I go to Australia again, I (**had been**, **will have been**) there five times.
私はもう一度オーストラリアに行ったら、5回行ったことになる。

5. My parents (**will have been**, **have been**, **had been**) married for 20 years.
私の両親は結婚してから20年になります。

第 3 章 完了形を加える場合

has been cleaning her room ▶「~からずっと部屋のそうじをしている」とあるので現在完了の動作の継続を表す has been ~ing を選んでくださいね。

had ▶「電話をしたときには、もう家を出ていた」過去のある時点までの完了を表す過去完了が答えになりますね。

had borrowed ▶ カメラを借りたのは、それをなくす前なので過去完了を選びましょう。

will have finished ▶「5時までには宿題を終えている」という未来のある時点までの完了の意味を表すのは未来完了でしたね。

will have been ▶ 未来のある時点までにしているだろうという経験を表すには未来完了が適切でした。

will have been ▶ これも未来のある時点まで継続していることを表しているので未来完了を選んでください。

第4章 助動詞を加える場合

He can swim very well.

> この章では助動詞について勉強しましょう！助動詞は can、may、must などのことで、動詞の原形の前に置いて、その動詞の意味を助ける働きをもっているんです。話し手や書き手の気持ちや考えをつけかえてくれるんですね。

イメージ図

> 彼はどうもとても泳ぎが上手で他の2人を大きくひきはなしているようです。そんな彼のことを He can swim very well. という文が表しているんですね。can という助動詞を加えることで話し手の気持ちがよく伝わってきませんか？

助動詞のポイント

1　助動詞の発想→動詞の原形の前に置いて、その動詞の意味を深め、助けてくれる。

2　助動詞の基本パターン→助動詞＋動詞の原形

1 can、may、must

➡ 動詞の前に助動詞が加わると、動詞の意味を深めてくれるのでしたね。ここでは、助動詞の基本中の基本である can、may、must について勉強していきましょう！

例文

(1) I can see you at two this afternoon.
今日の午後 2 時にお会いできます。

(2) It may rain tomorrow.
明日は雨になるかもしれない。

(3) You must stop smoking.
あなたはタバコをやめなければなりません。

この 3 つの例文はぜひ覚えて下さいね！

ここがポイントです！

助動詞は can, may, must, should, will などのことで、〈助動詞＋動詞の原形〉で表し、動詞の意味に話し手の気持ちや考えを加える働きをもっていましたね。まずこの点をしっかりと確認しましょう。では、次に助動詞を使った否定文や疑問文の作り方を下に示します。

　　否定文の作り方→助動詞 not ＋動詞の原形〜
　　疑問文の作り方→助動詞＋主語＋動詞の原形〜？

例

I can't play the piano.　　　　私はピアノを弾けない。
May I ask you a question?　　質問をしてもよろしいですか？

それでは can、may、must について 1 つずつ勉強していきましょう！

❶ can

(1) I can see you at two this afternoon.

can には、「可能・許可・推量」などの意味があります。例文（1）は可能の意味を表していますね。では許可と推量の例もみてください。

例
Can I sit here?
ここに座ってもいいですか。（許可）
The rumor can't be true.
そのうわさは本当のはずがない。（推量）

推量はとてもよく使われるんですよ。とくに、例のように can't be ～「～のはずがない」の表現が大切です。

❷ may

(2) It may rain tomorrow.

may には、「許可・推量」の意味があります。例文（2）は、推量の意味で使われていますね。can にも推量があったのをおぼえていると思いますが、can の場合は can't be のように否定的に使われることが多いようです。最後に may の許可の意味の例もみておきましょうね。

第 4 章 助動詞を加える場合

例

You may not park a car here.
ここに駐車してはいけません。(許可)

❸ must

(3) You must stop smoking.

　must には、「義務・推量」の意味があり、例文 (3) は、義務の意味ですね。義務の意味で must が使われる時は「(話し手が主観的に) 〜しなければならない」と感じている場合のようです。must とよく比較されるのは have to ですね。have to を使う場合は「(状況から判断して) 〜しなければならない」と言いたい時なんです。例えば次のような例があります。

例

"Why don't we go out for dinner?"
夕食を食べに行きませんか？
"Sounds nice, but I have to finish my homework."
いいですね。でも宿題を終えないといけないんだ。

　推量の意味で使われる must は確信の意味に近くて、must be〜「〜に違いない」という表現で用いられとても大切なので例を見ておきましょうね。

例

He must be very kind.　彼はとても親切に違いない。

51

プラスα

be able to や have to は、それぞれ can や must の過去や未来で用いられます。

例
Finally, I was able to get the ticket.
やっと、私はそのチケットをとることができた。
You will be able to pass the test.
あなたはその試験に合格するでしょう。
He had to work all day.
彼は一日中働かなければならなかった。
You will have to get up at six tomorrow morning.
君は明朝6時に起きなければならないだろう。

ともに「〜できた」と訳せる could と was [were] able to ですが、could は「〜しようと思えばできた」という過去の能力を表すだけで was [were] able to のように「実際にやってできた」という達成感を表すことはありません。

ですから、上の例文の Finally, I was able to get the ticket. を Finally, I could get the ticket. とすることはできないことにも注目しておいてくださいね。

第 4 章 助動詞を加える場合

> **プラスα**
>
> may や can の慣用表現もとても大切なので、少しずつ覚えていきましょう！
>
> 　　may well~ 「~するのももっともだ」
> 　　may as well~ 「~したほうがよい」
> 　　cannot~too… 「いくら~してもしすぎることはない」
> 　　cannot help ~ing 「~しないではいられない」
>
> 例
> You may well get angry with him.
> あなたが彼に腹を立てるのももっともだ。
> We cannot praise him too highly.
> 彼のことはいくらほめてもほめすぎることはない。

ポイントの整理

1 助動詞は can, may, must, will, should, would のことで、〈助動詞＋動詞の原形〉で表す。
2 can には、可能・許可・推量などの意味がある。
3 may には、許可・推量の意味がある。
4 must には、義務・推量の意味がある。

2 should、will、would、shall

➡ここではこれまでに習った助動詞よりも少しなじみのうすいものについて勉強していきましょう！でも動詞の意味を補って、さまざまな気持ちを伝えてくれる、という助動詞の基本的な働きは同じなので心配しないでくださいね。

例文

(1) You should be more careful.
君はもっと気をつけるべきだ。

(2) Babies will cry.
赤ちゃんは泣くものだ。

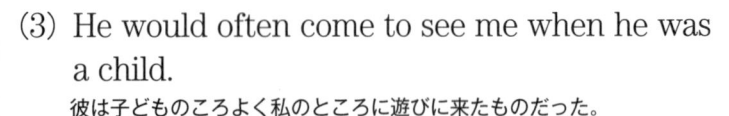

(3) He would often come to see me when he was a child.
彼は子どものころよく私のところに遊びに来たものだった。

(4) Shall we sing this song together? - Yes, let's.
この歌をいっしょに歌いましょうか。 － ええ、そうしましょう。

この４つの例文は必ず覚えて下さいね！

ここがポイントです！

１- should

should は、①義務・助言「～すべき・～するのがよい」と
②当然の推量・見込み「～のはずだ・たぶん～だ」を表します。

(1) You should be more careful.

　should の２つの意味の中で特に注意してほしいのは「～すべき」という意味のニュアンスです。should の場合は must のような強制

的な意味はなく「～したほうがよいと思う」くらいの気持ちで使ってくださいね。例文（1）は①の意味で使われていますが、それほど強い意味ではない助言として使われているんです。では、②の例もあげておきますね。

例

Karen should be here in ten minutes.
カレンは 10 分後にはここにくるはずだ。

❷ will

> will は、①習性「～するものだ」、②強い意志「どうしても～する」、そして③推量「～だろう」を表します。

(2) Babies will cry.

　これらの意味で少し難しく感じるのは例文（2）で使われている①の意味かもしれません。これは現在の習性や習慣を表し、主語は I や You や We 以外のものが使われることに注意してくださいね。もう 1 つ①の例を見ておいてください。

例

Oil will float on water.　油は水に浮くものだ。

❸ would

　would は、①過去の習慣「よく～したものだ」と②過去の強い意志「どうしても～しようとしなかった」を表します。

(3) He would often come to see me when he was a child.

wouldでは特に例文（3）で使われている①の意味に注意していきましょう。この意味で使われる時は過去の習慣や繰り返しの動作を表し、oftenやwhen he was a childのような過去を表す表現と一緒に使われるのがポイントですよ。もう1つの意味の②の例は次のようなものがあります。

例

Bob wouldn't eat salads for breakfast.
ボブはどうしても朝食にサラダを食べようとしなかった。

④ shall

> shallは、Shall I ～?（私が～しましょうか）という「申し出」やShall we ～?（いっしょに～しませんか）という「提案」を表します。

(4) Shall we sing this song together? - Yes, let's.

この表現で注意してほしいのは、Shall we ～?という表現はLet's ～, shall we?の形で使われることがあるという点です。これはよく書き換え問題などで問われるところなので覚えておきましょう！例文（4）は次のようになりますね。

例

Let's sing this song together, shall we?

当然・必要・要求・提案などを表す語に続くthat節の中のshouldは省略されることが多いので注意してください！

第4章 助動詞を加える場合

例

It is natural that he (should) be disappointed.
彼が失望するのも当然だ。
It is necessary that he (should) understand the others.
彼は他の人たちを理解することが必要だ。
The mayor demands that the city (should) need a park.
市長は市には公園が必要だと主張している。

　上の例文では should が省略されることがありますが、その時は be、understand、need と動詞の原形になっていることが大切です。

> **プラスα**
>
> 　can, may, will が could, might, would になると、丁寧さや、確信の度合いの低さを表す場合もあることにも、注目してくださいね。
>
> **例**
>
> Could you open the window?
> 窓を開けていただけますか？
> Would you please call me tomorrow evening?
> 明日の晩にお電話いただけますか。

ポイントの整理

1　should は、①義務・忠告「～すべき・～するのがよい」
　　②当然の推量・見込み「～のはずだ・たぶん～だ」を表す。
2　will は、①習性「～するものだ」②強い意志「どうしても～する」
　　③推量「～だろう」を表す。
3　shall は、Shall I ～?（私が～しましょうか）という「申し出」や
　　Shall we ～?（いっしょに～しませんか）という「提案」を表す。

3 助動詞の重要表現

➡ここでは助動詞の重要表現について勉強していきましょう！助動詞の最後にふさわしい大切な表現がたくさん出てくるのでお楽しみに！

例文
(1) He used to watch birds in the woods.
　彼は以前はよくその森で鳥を観察したものだ。
(2) You had better see a doctor.
　医者に診てもらいなさい。
(3) He hasn't come yet. He may have lost his way.
　彼はまだ来ない。道に迷ったのかもしれない。
(4) I would rather stay at home than go out.
　私は外出するよりは家にいるほうがいい。

この4つの例文は必ず覚えて下さいね！

ここがポイントです！

1 used to ＋動詞の原形～

①「（以前は）よく～したものだ」（過去の習慣）
②「（以前は）～だった」（過去の状態）

(1) He used to watch birds in the woods.

　数ある重要表現の中でも used to はすごく大切です。過去の習慣「過去には～だったが今はしていない」と、状態「過去には～だったが今はそうではない」を表します。
　例文（1）は「過去にはよく森で鳥を観察したけど今はしていない」という意味が込められていますね。②の例もあげておきます。

例

Jim used to be very shy.

ジムは以前はとても恥ずかしがりやだった。

➡「過去にはジムは恥ずかしがりやだったが今はそうではない」

❷ had better ＋動詞の原形〜

■「〜しなさい」「〜しないといけない」という命令・忠告を表します。

(2) You had better see a doctor.

　had betterはとても強い意味になるので使い方に注意しましょう。子供や親しい人以外には使わないほうがよい表現です。例文（2）もそのような場合にのみ使ってくださいね。またこの否定形もhad better not ＋動詞の原形になり『〜するな、〜してはいけない』という強い意味になりますよ。その例もあげておきますね。

例

You had better not do that again.

そんなことは二度としてはいけないよ。

❸ 助動詞＋ have ＋過去分詞

■過去のことについて現在の時点で推量したり、後悔や非難の気持ちを表す時に用いられます。

(3) He hasn't come yet. He may have lost his way.

　この表現は、過去のことについて、話し手がどう思っているかを表す時に使われます。mayは『推量』を表します。思いによって助動詞は違ってきますが、助動詞の後ろにhave ＋過去分詞を加える点は

同じです。代表的な表現とその例をあげておきますね。

① may + have + 過去分詞〜＝〜したかもしれない
② must + have + 過去分詞〜＝〜したにちがいない
③ can't + have + 過去分詞〜＝〜したはずがない
④ should + have + 過去分詞〜＝〜したはずだ、〜すべきだったのに

例

Bob must have arrived in Nara by now.
ボブはもう奈良に着いたにちがいない。
Meg loves me. She can't have gone to the movies with John.
メグは僕のことが好きなんだ。彼女がジョンと映画に行ったはずがない。
She should have got to the office by now.
彼女はもう会社に着いたはずです。
Today's test was too difficult. I should have studied harder.
今日のテストはすごく難しかった。もっと一生懸命に勉強すればよかった。

4 would を使った重要表現

① would rather 〜 than ...＝…するよりむしろ〜したい
② would like to 〜＝〜したい

(4) I would rather stay at home than go out.

　最後は would を使った重要表現です。①は希望を控えめに言う表現で、②は want to よりも丁寧な印象を与えてくれる表現です。

例

I would like to ask a question.　質問したいのですが。

第 4 章 助動詞を加える場合

> **プラス α**
>
> used to と would の違いは微妙なので、ここでまとめておきます。
>
> ① used to には「よく〜した」(過去の習慣)と「以前は〜だった」(過去の状態)の2つの用法がありますが、would には過去の状態を表す用法はないので would be〜とは言えません。
>> × There would be a fast-food restaurant here.
>> ○ There used to be a fast-food restaurant here.
>>   ここにはファースト・フードのレストランがあった。
>
> ② used to は過去と現在の対比を強調する表現で、過去を表す表現がなくても過去の習慣を表せますが、would は過去を表す表現を伴うか、過去であることがわかる文脈でしか使えません。
>
> **例**
> Mary used to go to church on Sundays.
> メアリは以前日曜日には礼拝に通っていた。
> I would often go fishing when I was a child.
> 私は子どものころはよく釣りに行ったものだ。

ポイントの整理

1. used to〜 →「よく〜した」または「以前は〜だった」
2. 助動詞＋have＋過去分詞 → may have 過去分詞、must have 過去分詞、should have 過去分詞、cannot have 過去分詞
3. would の表現 → would rather 〜 than ..., would like to 〜

ポイントチェック！

1 （**can, may, must** に関する問題） 次の各文のかっこ内から適切な語を選んでください。

1. You （**can, will be able to**） do the entire operation by computer.
   その作業を全部コンピューターですることができるでしょう。

2. He （**cannot, mustn't, may not**） be over thirty.
   彼は 30 歳を超えているはずがない。

3. You （**can, may, must**） well be surprised.
   君が驚くのももっともだ。

4. Jim （**doesn't have to, don't have to**） go to school today.
   ジムは今日学校へ行く必要がない。

5. The news （**cannot, must**） be true.
   そのニュースは本当に違いない。

2 （**should, will, shall, would,** その他の助動詞に関する問題） 次の各文のかっこ内から適切な語を選んでください。

1. （**Will, Shall**） you pass me the salt, please? - Here you are.
   塩をとってくれませんか。－はい、どうぞ。

2. （**Will, Shall**） we go to the movies? - Yes, let's.
   映画に行きましょうか。－はい、行きましょう。

3. My father （**would, should**） often take a walk early in the morning.
   父はよく朝早く散歩をしたものだ。

4. They （**would, should**） not agree to my proposal.
   彼らはどうしても私の計画に賛成しようとしなかった。

5. I （**would, should**） rather stay hungry than steal.
   私は盗むくらいなら空腹でいたい。

解答と解説

will be able to ▶ 未来の時は can ではなくて will be able to で表しましたね。

cannot ▶ 「〜のはずがない」を表すのは cannot be 〜ですね。

may ▶ 「〜するのももっともだ」は may well〜という表現で表しましょう。

doesn't have to ▶ 「〜する必要はない」は Jim が主語なので doesn't have to〜が答えとなりますね。

must ▶ 「〜に違いない」とあったら強い肯定の推量を表す must be を選びましょう。

Will ▶ 「〜してくれませんか?」とあるので依頼を表す Will you 〜? を選んでくださいね。

Shall ▶ 「〜しませんか?」は提案を表す Shall we 〜? が適切ですね。

would ▶ 「よく〜したものだった」とあったら過去の習慣を表す would often を選びましょう。

would ▶ 「〜しようとしなかった」という過去の拒絶を表す would not が答えになります。

would ▶ 「…するよりむしろ〜したい」を表す表現は would rather 〜 than …でしたね。

3 （助動詞の重要表現に関する問題） 次の各文のかっこ内から適切な語を選んでください。

1. There (**used to, would**) be a movie theater at the corner.
   その角には映画館があった。

2. You (**had not better, had better not**) do that again.
   それはもう二度としないほうがいいぞ。

3. She (**must be, must have been**) in London last summer.
   彼女は去年の夏ロンドンにいたにちがいない。

4. It (**may have rained, must have rained, cannot have rained**) during the night.
   夜の間に雨が降ったかもしれない。

5. I missed the train. I (**may have come, must have come, should have come**) earlier.
   私は列車に乗り遅れた。もっと早く来るべきだった。

第4章 助動詞を加える場合

used to ▶ used to be ~は「かつて~だった」という過去の状態を表す重要表現でしたね。

had better not ▶ had better ~「~したほうがよい」の否定形はhad better notです notの位置に要注意ですよ!

must have been ▶ must have 過去分詞は「~したに違いない」という意味でしたね。 must have been in ~になると「~にいたにちがいない」となりますね。

may have rained ▶「雨が降ったかもしれない」なのでmay have 過去分詞「~したかもしれない」を使ったmay have rainedを選びましょう。

should have come ▶「来るべきだった」を表すにはshould have 過去分詞「~するべきだった」が適切ですね。

第5章 受動態を加える場合

A dog is chased by the boy.

> この章では受動態について勉強しましょう！ 受動態は動作や行為を受ける対象が主語になって強調されている表現ですよ！

イメージ図

> 上のイラストは犬が少年に追っかけられている様子を表しています。これは少年に追っかけられている犬が主人公です。これを表しているのが、A dog is chased by the boy. なんです。

受動態のポイント

1 受動態の発想→動作や行為を受ける対象を強調する表現

2 受動態の基本パターン

→S(動作、行為を受ける対象)+be動詞+過去分詞+by+動作、行為をする人や物事

第 5 章 受動態を加える場合

1 基本的な受動態の形

➡ここでは、基本的な受動態について勉強していきましょう。能動態とどのような違いがあるかにも気をつけながら進めていきましょう！

例文

(1) This picture was painted by Picasso.
この絵はピカソによって描かれました。

(2) English is spoken in many countries.
英語は多くの国々で話されている。

> この 2 つの例文は必ず覚えて下さいね！

ここがポイントです！

受動態は〈be 動詞＋過去分詞〉の形で表し、「〜される、された」と訳すことができましたね。受動態は動作や行為を受ける人や物事を話題の中心にする場合に使われます。次の例を見てみましょう。

例

Shakespeare wrote Romeo and Juliet.
シェークスピアはロミオとジュリエットを書いた。
Romeo and Juliet was written by Shakespeare.
ロミオとジュリエットはシェークスピアによって書かれた。

上の英文では、シェークスピアが主語となっているので、あくまでもシェークスピアを中心とした文ですが、下の文ではロミオとジュリエットを話題の中心にしたいと思って書かれていることがおわかりだと思います。

① 基本的な受動態の形（1）

be 動詞＋過去分詞 ... ＋ by〜
現在形　am / are / is ＋過去分詞 ... by〜＝〜によって…される
過去形　was / were ＋過去分詞 ... by〜＝〜によって…された

(1) This picture was painted by Picasso.

　例文（1）のように「〜によって」と動作主を表したい時は「by 〜」の形にして文尾に置き、by〜が重要な情報源となっています。

例

The light bulb was invented by Thomas Edison.
白熱電球はトーマス・エジソンによって発明された。

② 基本的な受動態（2）

be 動詞＋過去分詞 ...

(2) English is spoken in many countries.

　例文（2）の場合はどうでしょうか？「by〜」がありませんね。これは動作主が we, you, they, people など漠然としているために「by〜」が省略されているんです。

> **プラスα**
>
> 受動態の否定文と疑問文の作り方をもう一度復習しておきましょう。
>
> 1　否定文の作り方＝ be 動詞の後に not を置く。
> 例　These rooms are not (aren't) used today.
> 　　これらの部屋は今日は使われていません。

第 5 章 受動態を加える場合

2 疑問文の作り方
1) Yes / No 疑問文（一般疑問文）= be 動詞を主語の前に置く。

例 Was the novel written by the actor?
その小説はその俳優によって書かれたのですか？

2) 疑問詞で始まる疑問文（Wh 疑問文）
＝疑問詞＋ be 動詞＋過去分詞？

例 When was the temple built?
そのお寺はいつ建てられましたか？

プラスα

動作か状態かを明確に示す表現には要注意です！

1 動作を示す表現→ get (become / grow) ＋ 過去分詞

例

The city became known as the center of the western Japan.

その都市は西日本の中心として知られるようになった。

2 状態を示す表現→ lie (remain) ＋ 過去分詞

例

The problem remains unsolved.

その問題は解決されないままである。

ポイントの整理

1 受動態は〈be 動詞＋過去分詞〉の形で表し、「～される、された」と訳される。
2 基本的な受動態の形 (1) → be 動詞＋過去分詞 ... ＋ by～
3 基本的な受動態 (2) → be 動詞＋過去分詞 ...

2 受動態のさまざまな形

➡ここでは、さまざまな受動態について勉強していきましょう！さまざまといっても驚かないでくださいね。あくまでも基本は be + 過去分詞で、それに助動詞や have などが加わるだけなんですから。

例文

(1) Mt. Fuji can be seen from here.
富士山がここから見える。

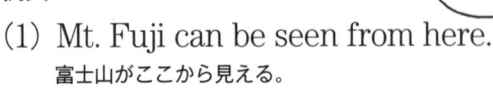

(2) This building has just been built.
この建物はちょうど建てられたばかりです。

(3) This tie was given to me by my father.
私は父にこのネクタイをもらいました。

(4) She is called Sally by her classmates.
彼女はクラスメートにサリーと呼ばれている。

この4つの例文は必ず覚えて下さいね！

ここがポイントです！

❶ 助動詞を含む受動態

助動詞（can, must, should, will）+ be + 過去分詞～
＝～される（されなくてはならない、されるべき、されるだろう）

(1) Mt. Fuji can be seen from here.

まずはじめに、助動詞をともなう受動態を見ていきましょう。助動詞を加えると話し手のさまざまな気持ちを表すことができましたね。例文（1）で使われているのは can be seen ですね。is seen という受動態と比べると、話し手の『見られるんだよ』という可能の気持ち

第 5 章 受動態を加える場合

が表れているはずです。他の助動詞がついた例もあげておきますね。

例

New houses should not be built here.
新しい家はここに建てられるべきではない。

❷ 完了形の受動態
■ have / has / had / will have + been + 過去分詞～

(2) This building has just been built.

　次は完了形の受動態を考えていきましょう！この場合は前に勉強した現在完了、過去完了、未来完了の受動態と思ってくだされればだいじょうぶですよ。つまり、have [had / will have] の後ろは過去分詞がくるので受動態の場合の be 動詞＋過去分詞も been ＋過去分詞にすればいいんですよ。
　例文 (2) は現在完了の完了の意味の受動態ですね。過去完了や未来完了の例も見ておきましょう。

例

The computer had been repaired when I came home.
家に帰った時には、コンピュータは修理されていた。
The concert ticket will have been sold out by the time I get there.
私がそこに着くまでに、コンサートのチケットは売り切れているだろう。

③ SVO（人）O（物）の受動態

■ 人 + be 動詞 + 過去分詞 + 物 + by S　または
■ 物 + be 動詞 + 過去分詞 + to 人 + by S

(3) This tie was given to me by my father.

　今度は、第4文型SVOOの受動態です。この文型にはOが2つありますね。ですから受動態も2つできるんだと理解してくれれば結構ですよ。例文（3）は My father gave me this tie. の受動態の1つですが、もう1つは I was given this tie by my father. となりますね。では、他の動詞の例もみてください。

例

My friend told me the rumor. の2つの受動態
① I was told the rumor by my friend.
　　私は友達からそのうわさを伝えられた。
② The rumor was told to me by my friend.
　　そのうわさは友達から私に伝えられた。

④ SVOC の受動態

■ O + be 動詞 + 過去分詞 + C + by S

(4) She is called Sally by her classmates.

　最後はSVOCの文型の受動態です。この場合はOの部分を文頭にだして受動態を作りましょう。例文（4）は Her classmates call her Sally. の受動態の形だとおわかりだと思います。この受動態も他の動詞を使った例をあげておきますね。

例

All of us believe her very honest. の受動態

She is believed very honest by all of us.

彼女は私たちみんなにとても正直だと思われている。

> **プラスα**
>
> もうひとつ受動態について知っておいてほしいのが、進行形の受動態です。それは〈be 動詞＋ being ＋過去分詞〉です。
>
> **例**
>
> A festival is being held now in Tokyo.
>
> 今東京でお祭りが催されているところだ。

ポイントの整理

1. 助動詞＋ be 動詞＋過去分詞と have (has) ＋ been ＋過去分詞
2. SVO(A) O(B) の受動態→ A ＋ be 動詞＋過去分詞＋ B ＋ by S と B ＋ be 動詞＋過去分詞＋ to A ＋ by S
3. SVOC の受動態→ O ＋ be 動詞＋過去分詞＋ by S

3 注意すべき受動態

➡最後は注意すべき受動態を勉強しましょう！ここにもたくさん重要表現がでてくるのでしっかりと勉強しましょうね！

> この4つの例文は必ず覚えて下さいね！

例文

(1) It is said that he is a good doctor.
   彼はよい医者だと言われている。

(2) I was taken care of by my grandmother.
   私は祖母に世話をされた。

(3) The roofs were covered with snow.
   屋根は雪でおおわれていた。

(4) We were surprised at the newsflash.
   私たちはニュース速報に驚いた。

ここがポイントです！

1 - It is said that ... = …と言われている

It is said that ... は、一般的なことを述べる表現、They say that…の受動態で、It は that 以下をさしている形式主語。

(1) It is said that he is a good doctor.

受動態を作るには、目的語を主語の位置に移動して、動詞を be ＋ 過去分詞にするのでしたね。つまり、例文（1）は They say that he is a good doctor. の受動態で、That he is a good doctor is said. では主語が長すぎるので、It is said that ～という It が that 以下をさす、形式主語を使った表現になったんです。

❷ 動詞の熟語の受動態

be taken care of（世話をされている）、be laughed at（笑われている）、be looked up to（尊敬されている）などになる

(2) I was taken care of by my grandmother.

　動詞を使った熟語を受動態にするには、〈be ＋動詞を過去分詞にした熟語〉という形をとることに注意しましょう！ つい受動態にすると熟語をバラバラにしがちなんですが、熟語は1つのカタマリと考えてくださいね。例をもう少しあげておきましょう。

例

She was brought up in Tokyo.
彼女は東京で育った。
The captain is looked up to by all the members of the team.
そのキャプテンはチームのみんなから尊敬されている。

❸ by 以外の前置詞を使う受動態

be covered with ～（～でおおわれている）、be known to ～（～に知られている）、be filled in ～（～でいっぱいである）など

(3) The roofs were covered with snow.

　by 以外の前置詞が使われる受動態です。この場合の前置詞は『原因・理由・手段・道具・材料・適用範囲』などを表すことが多いんです。例文 (3) の with は『原因』を意味しています。他には次のような例がありますよ。

例

The fact is known to everybody.　事実はみんなに知られている。

4 感情・被害などを表す受動態

be surprised at ～（～に驚いている）、be pleased with ～（～に喜んでいる）、be excited with ～（～に興奮している）、be injured in ～（～でけがをする）など

(4) We were surprised at the newsflash.

　感情や被害を表す場合も受動態で表す場合が多いんです。その時は訳と前置詞に注意しましょう！例えば例文（4）のもとの動詞はsurprise～「～を驚かせる」ですが、受動態にすると「驚かされる」から「驚く」という意味になり前置詞は at となるんですね。もう1つ被害の意味をもつ例をあげておきます。

例

She was injured in last night's game.
彼女は昨夜の試合でけがをした。

> **プラスα**
>
> 　be 動詞の代わりに get や become、grow を使って〈get [become/grow]＋過去分詞〉で受動態の意味を表すことがあります。be 動詞の受動態よりも「動作」や「変化」をはっきりと示すことができますよ。また、少しマイナスのニュアンスをもつことが多いようですね。
>
> **例**
>
> The news became known through the TV.
> その知らせはテレビによって知らされた。
> The summer festival got cancelled last year.
> その夏祭りは昨年中止された。

第 5 章 受動態を加える場合

> **プラスα**
>
> ものが主語で、日本語の感覚では受動態を使いがちなのに、能動態で表す場合があるので注意しましょう。
>
> **例**
> ○ This book sells well. この本はよく売れる。
> × This book is sold well.
> ○ The article reads well. その記事は読みやすい。
> × The article is read well.

ポイントの整理

1 It is said that...＝…と言われている
2 動詞の熟語の受動態→熟語の動詞を過去分詞にする。
   (be brought up, be taken care of, be looked up to など)
3 by 以外の受動態に注意！→ be known to, be filled in,
   be pleased with, be injured in など

ポイントチェック！

1 (受動態の基本に関する問題) 次の各文のかっこ内から適切な語を選んでください。

1. This team (**trained, is trained**) by a good coach.
   このチームはよいコーチに指導されている。

2. Hundreds of people (**was killed, were killed**) in the accident.
   何百人もの人がその事故で亡くなった。

3. The crops (**was not damaged, were not damaged**) by the typhoon.
   作物は台風によって被害を受けなかった。

4. What (**this flower is called, is this flower called**) in English?
   この花は英語で何と呼ばれていますか？

5. Who (**was "Kokoro" written, was "Kokoro" written by**)?
   「こころ」は誰によって書かれましたか？

2 (さまざまな受動態に関する問題) 次の各文のかっこ内から適切な語を選んでください。

1. This book (**was sent to me, was sent for me**) by Jill.
   この本はジルによって私に送られた。

2. He is (**called, call**) Jack by everybody.
   彼はみんなにジャックと呼ばれている。

3. This work (**will be finished, can be finished, must be finished**) today.
   この仕事は今日すまされなければならない。

第 5 章 受動態を加える場合

解答と解説

is trained ▶ 受動態は be 動詞＋過去分詞なので is trained が正解ですね。

were killed ▶ 過去形の受動態は「was / were + 過去分詞〜」で表すので、were killed が答えになりますね。

were not damaged ▶ 受動態の否定文は「be 動詞 + not + 過去分詞〜」で表しましたね。この文の主語は複数なので were not damaged を選びましょう。

is this flower called ▶ What is S called in 〜 で「〜では何と呼ばれていますか？」という意味になるので is this flower called が正解になりますね。

was "Kokoro" written by ▶ Who was S written by ? で「S は誰によって書かれたのですか？」という意味になるので was "Kokoro" written by を選んでください。

was sent to me ▶ send を使った第 4 文型の受動態は「be 動詞 + sent + to A + by 〜 =〜によって A に送られる」で表されましたね。

called ▶ 第 5 文型 call の受動態は「be 動詞 + called + A ＝ A と呼ばれている」となります。

must be finished ▶「〜されなくてはならない」は must be + 過去分詞〜で表しましたね。

4. The house (**has already sold, has already been sold**).
その家はもう売れてしまった。

5. The bridge (**is built, is being built**) now.
その橋は今建設中です。

3 (注意すべき受動態に関する問題) 次の各文のかっこ内から適切な語を選んでください。

1. He is (**looked up, looked up to**) by a lot of people.
彼は多くの人に尊敬されている。

2. The sofa was covered (**by, with**) dust.
ソファーはほこりまみれだった。

3. A few people (**injured, were injured**) in the car crash).
少数の人々がその自動車事故でけがをした。

4. She is very (**pleased, pleasing**) with her new camera.
彼女は新品のカメラが大変気に入っている。

5. The thief was seen (**to run, run**) across the river.
泥棒は通りを走って横切るのを見られた。

第 5 章 受動態を加える場合

has already been sold ▶「~されてしまった」は現在完了の受動態「have + been + 過去分詞~」で表してくださいね。

is being built ▶「~されている最中です」は「be 動詞 + being + 過去分詞~ = ~されているところ」という受動態の受け身形で表しましょう。

looked up to ▶「~に尊敬されている」は be 動詞 + looked up to + by ~で表しましょう。

with ▶ be covered with ~で「~で覆われている」という意味になりましたね。

were injured ▶「~でけがをする」は be injured in で表しましたね。

pleased ▶「~に気に入っている」は be 動詞＋ pleased + with~で表してくださいね。

to run ▶知覚動詞 see の受動態は「be seen to 動詞の原形~」で表します。

81

読み、書き、話すための
わかりやすい英文法の授業

四月十六日 木曜日 晴れ

Part 2

SとVに2語以上の表現を加える場合

第6章 不定詞を加える場合

I want to see her again.

この章では不定詞について勉強していきましょう。不定詞は品詞が定まらないという意味です。そして to＋動詞で表すので、これからのことを表しているということを理解してくださいね。この to はもともと方向を示す前置詞なんです。

イメージ図

上のイラストは、少年が女の子にまた会いたいなあと思っていることを表しているんです。そんな時ぜひ不定詞を使ってみましょう。英語では I want to see her again. で示すことができますよ。

不定詞のポイント

1. 不定詞の発想
  （＝to＋動詞の原形）
   - 品詞が定まっていないため、名詞や形容詞や副詞の働きをする。
   - 方向を表す to を用いているので、これからすることを意味している。

2. 不定詞の基本パターン
   - 名詞的用法
   - 形容詞的用法
   - 副詞的用法

第6章 不定詞を加える場合

1 不定詞の基本用法

➡ここでは、不定詞がSとVの文に加わっていく場合を勉強しましょう。不定詞の基本用法は名詞、形容詞、副詞の3つでしたね。不定詞が加わるとさらに英文の内容が深まります。

例文

(1) It is important to have a good friend.
よい友達を持つことは大切です。

(2) John bought a newspaper to read on the train.
ジョンは電車で読む新聞を買った。

(3) Nancy went to the library to borrow the book.
ナンシーはその本を借りるために図書館に行きました。

ここがポイントです！

① 不定詞の名詞的用法

■「〜すること」と訳し、主語、補語、目的語になります。

(1) It is important to have a good friend.

主語の場合は文の最初に置かれ、補語の場合はbe動詞の後、そして目的語の時は動詞の後ろに置かれます。主語の場合はto以下を指す仮主語のItを文頭に置くことがとても多いです。例文(1)は主語の場合の例なんですが、To have a good friend is important. とすると、主語があまりにも長すぎてしまうので、to以下を指す仮主語

85

の It を用いて書き換えた文になっています。

　最後に、名詞的用法の３つのパターンとその例をあげておきますね。
1. 主語の場合→ To 動詞〜＋ is ＋…＝〜することは…
   （＝ It is ... to 動詞〜）
2. 補語の場合→主語 S ＋ is ＋ to 動詞〜＝ S は〜すること
3. 目的語の場合→動詞（want, hope, expect, wish, decide, need ..）＋ to 動詞〜

例

To answer the question was very difficult.
(It was very difficult to answer the question.)
その質問に答えるのはとても難しかった。
My goal is to change politics.
私の目標は政治を変えることだ。
I hope to work for the world peace.
私は世界平和のために働きたい。

❷ 形容詞的用法→名詞＋ to 動詞〜

(2) John bought a newspaper to read on the train.

　２つ目の用法は形容詞的用法です。みなさんは形容詞が名詞を修飾するものなのはご存じですね。不定詞の場合は名詞の後ろに置かれ、名詞のことを後ろから説明してくれています。

　例文（2）では、to read on the train「電車で読むための」が後ろから a newspaper「新聞」を説明しているんですね。形容詞的用法もとても大切なのでもう１つ例をあげておきますね。

第 6 章 不定詞を加える場合

例

Her speech had the power to move people.
彼女のスピーチには人々を感動させる力があった。

❸ 副詞的用法→目的（〜するために）、原因（〜して）、結果（…してその結果〜）、判断（〜するとは）などを表す

(3) Nancy went to the library to borrow the book.

　基本用法の３つ目は副詞的用法です。副詞というと少しわかりずらいかもしれませんが、目的、原因、結果、判断などの意味を伴って、文の意味を深めてくれる働きがあると理解してくださいね。
　例文（3）は目的の意味を表していますが、他の意味の例も紹介しておきましょう。

例

I am happy to hear the news.
私はその知らせを聞いてうれしいです。
My dog lived to be twenty.
私の犬は20歳まで生きた。
She was stupid to make such a mistake.
そんな間違いをするとは彼女は愚かだった。

> **プラスα**
>
> 　形容詞的用法は、名詞＋ to 動詞〜で表しますが、文末に前置詞がつく場合に注意してください。
>
> 　「彼女には話せる友達が多い。」という日本語を訳すと、She has many friends to talk. としがちです。でも talk の後ろには with が必要になります。この文では名詞 many friends は前置詞 with の目的語になっているからです。このように、日本語には表されないけれども英語では必要になる場合に注意しましょう！

> **プラスα**
>
> 　名詞＋（to 動詞の原形〜）をみたら（　）をして、前の名詞を修飾してみてください！英文を読むと、形容詞用法がたくさん使われていることにきっと気づかれることでしょう。その時必ず役立ちます！
>
> **例**
>
> 1 China will not have enough water (to support its population).
>   中国はその人口をまかなえるだけの水を確保できなくなるだろう。
>
> 2 There are many ways (to determine wealth).
>   豊かさを決めるには多くの方法がある。

ポイントの整理

1 不定詞の名詞的用法→主語・補語・目的語になる。

2 不定詞の形容詞的用法→名詞＋ to 動詞〜 で表す。

3 不定詞の副詞的用法→目的・原因・結果・判断などを表す。

第 6 章 不定詞を加える場合

② 不定詞の意味上の主語

➡ここでは不定詞の意味上の主語について勉強しましょう。

不定詞は to 動詞で表せましたね。つまりここに動詞があるので主語の意味をどこかにもたせることができるんですね。その場合、不定詞の前に「for 人」や「of 人」をおいて表します。

例文

(1) It is natural for him to say so.
　　彼がそう言うのは当然だ。

(2) I found it difficult for her to read this book.
　　私は彼女がこの本を読むのは難しいことがわかった。

(3) It is very kind of you to lend me your bicycle.
　　自転車を貸してくださって、どうもありがとう。

(4) I want her to come here right now.
　　彼女に今すぐここに来てもらいたいのです。

この4つの例文は必ず覚えて下さいね！

ここがポイントです！

①― It is ... for 人 to 動詞の原形～
　　「人が～するのは…だ」

(1) It is natural for him to say so.

「for 人」を「to 動詞」の原形の直前に置くと「人が～すること」という不定詞の意味上の主語を表すことができます。『It is ... to 動詞の原形～の場合』は『It is ... for 人 to 動詞の原形～』になって「人が～するのは…だ」という意味になりますね。

例文 (1) の natural は「当然な」という意味ですが、…の部分には important（大切な）, necessary（必要な）, difficult/ hard（難しい）, easy（やさしい）, possible（可能な）, impossible（不可能な）など価値判断を示す語が入るので覚えておいてくださいね。

❷ find it … for 人 to 動詞の原形〜
「人が〜することは … とわかる」

(2) I found it difficult for her to read this book.

「for 人」という意味上の主語は It is … ではじまる文以外でも使えるんですよ。『find it … to 動詞の原形〜』という it が to 以下を指す仮の目的語の働きをしている表現の中でも使われます。例文 (2) の場合は find it difficult to read this book「この本を読むのは難しいとわかる」という表現の中に for her「彼女が」という意味上の主語が組み込まれているんです。

❸ It is 人の性質 … of 人 to 動詞の原形〜
「A が〜するのは … だ」

(3) It is very kind of you to lend me your bicycle.

It is の次に人の性質や人柄を表す語がくる場合は「of 人」という意味上の主語を用いることになるので注意してくださいね。この of は『〜の一部』という意味で、性格は人の一部なので使われているんですね。例文 (3) の kind は「親切な」という意味の人の性質を意味する語ですが、人の性質や人柄を表す語には次のようなものがあるので少しずつ覚えていきましょう。

kind（親切な）, good / nice（よい）, clever/ wise（賢明な）,

foolish / stupid（愚かな）, careless（不注意な）, brave（勇敢な）, polite（礼儀正しい）, rude（無礼な）

④ 〈S + V（want / ask / tell / allow / advise など）+ O + to 動詞の原形〜〉の場合

■ ＝ O が〜するのを望む / 頼む / 言う / 許す / 助言する

(4) I want her to come here right now.

　この表現の場合は O が不定詞の意味上の主語になっています。この点について例文 (4) を例に少し考えてみましょう。

例

I want to come here right now.
私は今すぐここに来たい。
I want her to come here right now.
彼女に今すぐここに来てもらいたい。

　最初の文は「ここに来たいのは私」なので主語は I ですね。でも例文 (4) の場合は「彼女がここに来てもらいたい」ので不定詞 to come here right now に意味上の主語 her が必要になるんです。理解を深めるために他の動詞の例もあげておきましょう。なお、この表現で使われる動詞は、願望、伝達、許可、強制などの意味を表します。

例

The doctor advised me to exercise more.
医者は私にもっと運動をするように忠告した。
My parents allowed me to work part-time.
私の両親は私にアルバイトをすることを許してくれた。

> **プラスα**
>
> It is ＋人の性質...＋ of 人＋ to 動詞の原形〜は、「人が〜するとは…」という判断を意味する不定詞の文（ ＝人＋ be 動詞＋人の性質＋ to〜）に書き換えられます。このように同じ意味でもさまざまな表現で書けるのも英語の特徴ですね。
>
> 例
>
> It was very kind of you to help her.
>
> → You were very kind to help her.
>
> （彼女を助けてくれたなんてあなたはとても親切でしたね。）

ポイントの整理

1　It is ... for A to 動詞〜
2　It is 人の性質 ... of A to 動詞〜
3　find（think）it ... for A to 動詞〜
4　want（ask, tell, allow, advise） A　to 動詞〜

第6章 不定詞を加える場合

③ 原形不定詞

➡ここでは原形不定詞と呼ばれているものについて勉強しましょう！原形不定詞とは「動詞の原形で不定詞の働きをしてくれるもの」と理解するとわかりやすくなりますよ。では始めましょう！

例文

(1) My teacher makes us study every day.
　先生は私たちに毎日勉強をさせる。

(2) I saw Tom enter the bookstore.
　私はトムがその本屋に入るのを見た。

この2つの例文は必ず覚えて下さいね！

ここがポイントです！

❶ 使役動詞（make / have / let）＋ O ＋ 動詞の原形～

■ ＝ O に～させる / してもらう / させてあげる

(1) My teacher makes us study every day.

　make, have, let などの使役動詞は〈使役動詞＋ O ＋動詞の原形〉の形で「O に～させる」という意味になるんです。ただこの3つの動詞のニュアンスは上に示したように微妙に違うので注意しましょうね。特に、例文（1）の make や have には強い意味が込められる場合があるので目上の人には使わないようにしましょう。let にはそれほど強い意味がなく、「だめという理由がないのでどうぞ」というニュアンスが込められています。

例

I'll have my secretary cancel the appointment.
秘書にその約束を取り消させよう。
She let me copy her notebook.
彼女は私にノートを写させてくれた。

❷ 知覚動詞 (see / hear / feel / notice) ＋ O ＋ 動詞の原形〜

■ ＝ O が〜するのを見る / 聞く / 感じる / 気づく

(2) I saw Tom enter the bookstore.

　see、hear、feel などの知覚動詞も O の後ろに動詞の原形をおいて、〈知覚動詞＋ O ＋動詞の原形〉の形で「O が〜するのを…」という意味になります。例文（2）は see という知覚動詞を使っていますが、他の知覚動詞の例もあげておきますね。

例

I was asleep and did not hear her knock the door.
私は寝ていて、彼女がドアをノックするのが聞こえなかった。
I felt the house shake with the earthquake.
私はその地震で家がゆれるのを感じた。

　〈使役動詞・知覚動詞＋ O ＋動詞の原形〉は受動態になると〈be 動詞＋使役動詞や知覚動詞の過去分詞＋ to 動詞の原形〉になるので注意しましょう！

第6章 不定詞を加える場合

例

My mother always makes me do my homework before dinner. の受動態は

→ I am always made to do my homework before dinner by my mother.

私はいつも母に夕食前に宿題をさせられる。

I saw him enter the building last night. の受動態は

→ He was seen to enter the building last night.

昨夜彼はその建物に入るのを見られた。

> **プラスα**
>
> 使役動詞や知覚動詞に原形不定詞を使うのは主語が距離感を感じていないからなんです。つまり主語となる人が実際に何かをさせたり、見たり、聞いたりしているんですね。
>
> **例**
> My mother made me clean my room.
> 母は私に部屋を掃除させた。
> I saw a man enter the building.
> 私は男が建物に入るのを見た。

ポイントの整理

1 使役動詞（make / let / have）+ O + 動詞の原形〜
2 知覚動詞（see / hear / feel / notice）+ O + 動詞の原形〜

4 完了形の不定詞、不定詞の重要表現

➡不定詞の最後に、完了形の不定詞と不定詞の重要表現について勉強しましょう！完了形は特に不定詞の難しいところなので注意していきましょうね。

例文

(1) Ann seems to have been a good swimmer.
アンは泳ぎが上手だったようだ。

(2) Mike was too tired to run.
マイクはとても疲れていたので走ることができなかった。

(3) I don't know what to say at that time.
そのとき私は何と言えばいいのかわからなかった。

(4) He hurried to the station, only to miss the last train.
彼は駅まで急いだが、結局最終電車に乗り遅れた。

(5) To tell the truth, I haven't read the report yet.
実を言うと、まだその報告書を読んでいません。

ここがポイントです！

1 完了形の不定詞 = to have + 過去分詞～

(1) Ann seems to have been a good swimmer.

完了形の不定詞は〈to have + 過去分詞〉の形で表します。不定詞の完了形は文の主語よりも前のことを言いたい時に使われます。文の主語の動詞より前の時を表すには have + 過去分詞を使うというのは

とても大切なので覚えておいてくださいね。

例文（1）では、「アンが昔泳ぎが上手だったと今思っている」ことを意味していますね。完了形の不定詞は少し複雑なのでもう1つ例をあげておきますね。

例

The writer seems to have written the book.
その作家がその本を書いたらしい。

次に不定詞の重要表現をみていきましょう！これらはひとつひとつ時間をかけて覚えていってください。

❷ 程度・目的を表す表現

(2) Mike was too tired to run.

例文（2）は too ... to～『とても…で～できない』という程度を表す表現の例です。ここで程度と目的を表す表現をまとめておきますね。

① too ... to～＝とても…で～できない
（この too は「あまりにも」という意味で、何かをする限度を超えていることを意味しているので注意してくださいね。）

② ... enough to ～＝～するのに十分…

例

You are old enough to travel alone.
君はもうひとり旅ができる年だ。

③ in order to ~(so as to ~)＝~するために
（この表現を使うと少しかたい印象を与えますが、目的の意味がとてもはっきりとします。）

例
He studied hard in order to pass the test.
彼は試験に合格するために一生懸命に勉強した。
She carried the clock carefully so as not to break it.
彼女は壊さないように丁寧に時計を運んだ。
（このように不定詞に否定の意味を持たせたい時には、to の前に not を置いてくださいね。）

❸ 疑問詞＋ to 動詞の原形～
what (how, where, when) to ~＝何を~すべきか（どのように~すべきか、どこで~すべきか、いつ~すべきか）

(3) I don't know what to say at that time.

　例文(3)は what to ~「何を~すべきか」の例ですが、もう１つ他の例も見ておいてくださいね。

例
Could you tell me where to buy the ticket?
チケットをどこで買えばよいか教えていただけますか？

第 6 章 不定詞を加える場合

4 ─ 結果を表す不定詞 → only to ~ (never to ~)「~しただけだった(二度と~しなかった)」

(4) He hurried to the station, only to miss the last train.

　副詞的用法の 1 つで、前の動詞の内容を受けて、その結果を表す用法です。
　例文 (1) の only to ~は「~しただけだった」という意味ですが、never to~の例には次のようなものがあります。

例
She left America, never to return.
彼女はアメリカを去り、二度と戻らなかった。

5 ─ 慣用的な表現

to tell the truth (実を言うと)、to begin with (まず第一に)、so to speak (いわば)、to be honest (正直に言うと)、needless to say (言うまでもなく)、to be sure (確かに)、strange to say (不思議なことに)、to be frank with you (率直に言えば)、to make matters worse (さらに悪いことには)、not to mention ~ (~は言うまでもなく)

(5) To tell the truth, I haven't read the report yet.

　例文 (5) は、to begin to という「まず第一に」という意味の不定詞の慣用表現の例ですが、この他の例もあげておきますね。

例

To begin with, let me thank everybody here today.
まず最初に、今日ここにいらっしゃる皆さんにお礼を言わせてください。

To be honest, I don't like vegetables.
正直に言うと、私は野菜が好きではない。

> **プラスα**
>
> 　不定詞が表す「時」をもう一度まとめておきますね。ポイントは次の2点なんです。
>
> ① to be～は文の動詞と同じ時を表す。
> ② to have been～は文の動詞より前の時を表す。
> 　①、②とも It seems that ～「～らしい」という表現でも表すことができます。
>
> **例**
> ① She seems to be ill.= It seems that she is ill.
> ② She seems to have been ill.= It seems that she was ill.
>
> 　①の文では今病気であると思っていることを示していますね。②の文では前に病気であったと今思っていることを示しています。

第 6 章 不定詞を加える場合

> **プラスα**
>
> 〈be 動詞＋ to 動詞〜〉が「義務・命令」「予定」「可能」「意図」「運命」などを表す場合があります。
>
> **例**
>
> If you are to succeed, you must make every effort.
> 成功したければ、あらゆる努力をしなければならない。

ポイントの整理

1 完了形の不定詞→ to + have + 過去分詞〜
2 目的・程度を表す表現→ too ... to〜, ... enough to 〜, in order to 〜 (so as to 〜)
3 疑問詞＋ to 動詞の原形〜→ what (how, where, when) to 〜
4 結果を表す不定詞→ only to 〜, never to 〜
5 慣用的な表現→ to tell the truth, to begin with, so to speak, needless to say など

ポイントチェック！

1 (不定詞の基本用法に関する問題) 次のかっこ内から適切な語を選んでください。

1. It is not easy (**get**, **to get**) there on foot.
   歩いてそこへ行くのは簡単ではない。

2. I have nothing (**to talk**, **to talk about**).
   何も話すことはありません。

3. George hurried (**so as to not**, **so as not to**) miss the first train.
   ジョージは始発電車に乗り遅れないように急いだ。

4. The old man left the village, (**only to**, **never to**) return.
   その老人は村を去って、二度と帰らなかった。

5. This sofa is comfortable (**to sit**, **to sit on**).
   このソファーは座るのに快適だ。

2 (不定詞の意味上の主語、原形不定詞の用法に関する問題) 次の各文のかっこ内から適切な語を選んでください。

1. I (**want to**, **want you to**) sing the song.
   私はあなたにその歌をうたってほしい。

2. It is natural (**for him**, **of him**) to get angry at you.
   彼があなたに腹を立てるのは当然だ。

3. It was stupid (**for me**, **of me**) to believe that.
   それを信じるとは私も愚かだった。

4. Nobody has seen the bird (**fly**, **to fly**).
   だれもその鳥が飛ぶのを見たことがない。

解答と解説

to get ▶ 「It is ... to ~=~するのは…」を思い出して to get を選びましょう。

to talk about ▶ have nothing to talk about で「何も話すことはない」になります。nothing は about の目的語なので注意しましょう。

so as not to ▶ so as not to ~は so as to 「~するための」の否定形で「~しないように」という意味になります。

never to ▶ never to ~は「二度と~しなかった」という意味の不定詞の表現でしたね。only to ~「ただ~するだけだった」と区別しましょう。

to sit on ▶ comfortable to~は「~するのに快適」という意になります。to sit on の on は this sofa に続くので落とさないようにしてください。

want you to ▶ want O to ~は「O に~してほしいと思う」でしたね。O が不定詞の意味上の主語になっています。want to~「~したいと思う」との違いに注意しましょう。

for him ▶ It is natural for 人 to ~「人が~するのは当然だ」の for 人も不定詞の意味上の主語でしたね。

of me ▶ It is stupid of 人 to ~は「人が~するのは愚かだ」という意味で、stupid は人の評価を表す語なのでこの場合の不定詞の意味上の主語は of 人で表しましたね。

fly ▶ この問題で「知覚動詞 see O 原形動詞~=O が~するのが見える」を再度確認しましょう。

5. The coach made them (**to practice**, **practice**) every day.
監督は彼らに毎日練習させた。

3 （完了形の不定詞、不定詞の重要表現に関する問題） 次の各文のかっこ内から適切な語を選んでください。

1. He seems (**to be**, **to have been**) abroad now.
彼は今海外にいるようだ。

2. He seems (**to be**, **to have been**) abroad when he was young.
彼は若いころ海外にいたようだ。

3. Tommy is (**too short to**, **short enough to**) reach the window.
トミーは背が低すぎて窓に手が届かない。

4. She was (**rich enough**, **too rich**) to buy the land.
彼女はその土地を買うことができるほど金持ちだった。

5. (**To tell the truth**, **To begin with**, **To make matters worse**), I haven't done my homework yet.
実を言うと、私はまだ宿題をしていない。

第6章 不定詞を加える場合

practice ▶ made に注目して「使役動詞 make O 原形動詞~＝O に~させる」を思い出してくださいね。

to be ▶ seem to be~は「~であるように思える」で seem to have been~は「~であったように思える」という意味の表現でしたね。

to have been ▶過去のことを言っているので seem to have been~「~であったように思える」を選択しましょう。

too short to ▶ too ... to ~は「…すぎて~できない」という意味でしたね。

rich enough ▶「~できるほど…」は ... enough to~で表しますね。

To tell the truth ▶ To tell the truth は「実を言うと」という意味の不定詞の重要表現でした。

第7章 動名詞を加える場合

Playing soccer is fun.

この章では動名詞について勉強しましょう！動名詞は『動詞+ing』で表し、動詞と名詞の働きを持っているんですよ。

イメージ図

A　B

AとBで違うところはAではすでにサッカーを楽しんでいることを、Bはこれからサッカーをしたいと思っている様子を表している点なんです。Aを表すには動名詞を使い、Bを表すには不定詞を使ってくださいね。

動名詞のポイント

1　動名詞の発想　　→動詞と名詞の働きを持って
　（=動詞+ing『すること』）　　いて、すでに実行していることを表します。

2　動名詞の基本パターン

　　　　　　　　　　／主語になる
　　動名詞　━━━━　補語になる
　　　　　　　　　　＼目的語になる

第7章 動名詞を加える場合

1 動名詞の基本用法

➡動名詞の基本用法は、動名詞が名詞の働きももっているので、主語、補語、目的語の3つになれるのでしたね。ここではこの動名詞がSとVに加わる場合を勉強しましょう。

> **例文**
>
> (1) Traveling abroad is fun.
>   海外旅行をすることは楽しい。
> (2) My hobby is listening to music.
>   私の趣味は音楽を聞くことです。
> (3) I enjoyed talking with the guests.
>   私は来客と話をして楽しんだ。
> (4) I am interested in taking pictures of flowers.
>   私は花の写真をとることに興味をもっています。

（この4つの例文は必ず覚えて下さいね！）

ここがポイントです！

　動名詞は〈動詞＋ing～〉で示し、「～すること」と訳します。動名詞は字からも想像してもらえるように、動詞と名詞の働きをもっています。ですから、主語、補語、目的語になるんです。この点は不定詞の名詞的用法と同じですね。ただ、動名詞には「今習慣的にしていること、一般的に～すること」という意味が込められていることはいつも念頭においておきましょう。では、動名詞の3つの用法を整理してみます。

❶― 主語になる場合→〈動詞 ing ＋ is ＋ ～〉

(1) Traveling abroad is fun.

動名詞が主語になる場合は、例文（1）のように文頭におかれます。また、主語の部分が長く感じられる場合は動名詞を指す It を文頭に用いて表すこともできます。その例を1つあげておきますね。

例

It's dangerous playing in the street!
道路で遊ぶのは危険だぞ！

❷ 補語になる場合→〈主語＋ is ＋動詞 ing〉

(2) My hobby is listening to music.

補語になる場合は、is の後ろにおかれて、主語のことを補足説明してくれます。例文（2）では listening to music が My hobby の説明をしているんですね。

❸ 目的語になる場合→〈主語＋他動詞＋動詞 ing〉

(3) I enjoyed talking with the guests.

目的語になる場合は例文（3）のように動詞の後ろにおかれます。動詞の中で、動名詞しか目的語にすることができない動詞があるので注意しましょう。詳しくは動名詞の最後で扱いますが、例をあげておきますね。

例

It's better to avoid traveling during the rush hour.
ラッシュアワーに出歩くのは避けたほうがよい。
Did you finish painting your house?
あなたの家のペンキ塗りは終わりましたか？

第7章 動名詞を加える場合

❹ 前置詞の目的語になる場合→〈前置詞＋動詞 ing〉

(4) I am interested in taking pictures of flowers.

　動名詞は動詞だけでなく前置詞の後ろにおかれて目的語の働きをする場合もあります。例文（4）では taking pictures of flowers という動名詞のカタマリが前置詞 in の目的語になっているんですね。前置詞が動名詞を目的語とする場合は、熟語になっている場合が多いので、その一例を紹介しておきましょう。

without ~ing（~しないで）、be fond of ~ing（~するのが好き）、be proud of ~ing（~であるのを誇りに思う）、insist on ~ing（~するのを主張する）など

例
You cannot make an omelet without breaking eggs.
卵をわらずにオムレツを作ることはできない。

> **プラスα**
> 　「動詞 ing~」は動名詞の時は、「~すること」と訳し、現在分詞の時は、「~している」と訳します。いつもこの区別を心がけてくださいね。
> **例**
> Tom is learning Japanese now.
> トムは今、日本語を習っている。
> His goal is being able to speak Japanese.
> 彼の目標は日本語を話せるようになることだ。

> **プラスα**
>
> 　動名詞に否定の意味をもたせたい時には、動名詞の前に not を置きましょう。
>
> **例**
>
> I'm sorry for not being able to reply to your e-mail more quickly.
>
> あなたのメールにもっと早く返事をしなくて申し訳ありません。

ポイントの整理

1　主語の場合→動名詞〜 + is ...
2　補語の場合→主語 S + is + 動名詞〜
3　目的語の場合→動詞＋動名詞〜　または　前置詞＋動名詞

2 動名詞の意味上の主語と完了形

➡ここでは動名詞の意味上の主語と完了形について勉強していきましょう。少し難しく感じるかもしれませんが、できるだけやさしく説明しますので、ついてきてくださいね。

> **例文**
> (1) I don't like my brother playing video games.
> 私は弟がテレビゲームをするのが気にいらない。
> (2) She is proud of having worked as a nurse.
> 彼女は看護師として働いたことを誇りに思っている。

この2つの例文は必ず覚えて下さいね！

ここがポイントです！

①― 動名詞の意味上の主語
■ 名詞（目的格/所有格）A ＋動名詞～＝ A が～すること

(1) I don't like my brother playing video games.

動名詞の意味上の主語というものをわかっていただくために次の英文を例文（1）の文と比べてみましょう。

> I don't like playing video games.
> 私はテレビゲームをするのが好きではない。

この文では「テレビゲームをする」のは、文の主語である「私」ですね。この場合は動名詞の前には何もいりません。でも、例文（1）では「テレビゲームをする」のは、「弟」ですね。このような場合に動名詞の前に意味上の主語をつける必要がでてきます。

つまり、文の主語と動名詞の主語が違う場合に、動名詞の前に意味上の主語が必要になってくるんです。ここはとても大切なポイントなのでしっかりと理解してくださいね。意味上の主語は例文（1）のような名詞や代名詞の目的格（me, him など）や、代名詞の所有格（my, his など）も使われます。とても大切な点なのでもう少し例をみてみましょうね。

例
My father was angry at me getting married.
父は私が結婚したことを怒っていた。
Would you mind my opening the window?
（私が）窓を開けてもよろしいですか？

❷ 完了形の動名詞→ having ＋ 過去分詞〜＝〜したこと

(2) She is proud of having worked as a nurse.

　次に完了形の動名詞について勉強しましょう。ではまた次の文を例文（2）の文と比較するところから始めてみましょう。

例
She is proud of working as a nurse.
彼女は看護師として働いていることを誇りにしている。

　この文では『彼女が今看護師であることに誇りをもっている』ことを表しています。でも例文（2）では『彼女が昔看護師であったことを誇りにしている』となっています。
　このように文の動詞より前のことを動名詞で表そうとするとき

第7章 動名詞を加える場合

〈having ＋過去分詞〉という表現が必要となってくるんです。この having は文よりも前のことを表す時にとても活躍するので覚えておいてくださいね。これも、もう1つ例をあげておきましょう。

例

He was sorry for having made such a big mistake.
そんな大きな間違えをしたことを彼は残念に思った。

> **プラスα**
>
> 　動名詞の前に、意味上の主語がある場合とない場合の、意味の違いとその書き換えに注意しましょう！
>
> **例**
>
> Tom insisted on paying the money.
> =Tom insisted that he pay the money.
> 　トムはお金を払うと主張した。
>
> Tom insisted on my paying the money.
> =Tom insisted that I pay the money.
> 　トムは私がお金を払うべきだと主張した。

　動名詞が表す「時」に要注意しましょう！動名詞は文の動詞と同じ「時」を表す場合は〈動詞 ing〉、それより前の「時」を表す場合は、〈having ＋過去分詞〉の形をとることを理解して英文の書き換えができるようにしましょう。

例
① She is proud of working as a nurse.
　= She is proud that she works as a nurse.
　　　　現在　　　　　　　現在
② She is proud of having worked as a nurse.
　= She is proud that she worked as a nurse.
　　　　現在　　　　　　　過去
③ She was proud of having worked as a nurse.
　= She was proud that she had worked as a nurse.
　　　　過去　　　　　　　過去完了

> **プラスα**
>
> 　受動態〈be 動詞＋過去分詞〉の be 動詞の部分を動名詞〈being〉にすることで、「〜されること」という受身の意味を表すことができます。
> ### 例
> I hate being compared to my sister.
> 私は姉と比較されるのが嫌いです。

ポイントの整理
1　動名詞の意味上の主語→名詞（'s）＋動名詞　または
　　目的格（所有格）＋動名詞
2　完了形の動名詞→ having ＋動名詞

第7章 動名詞を加える場合

③ 動名詞の重要表現

➡ここでは動名詞の重要表現を勉強していきます！動名詞の重要表現はたくさんあるのであせらず時間をかけて覚えていきましょうね！

> **例文**
> (1) I'm looking forward to going to the concert.
>   私はコンサートに行くのを楽しみにしています。
> (2) I don't feel like eating anything now.
>   私は今は何も食べたくありません。
> (3) There is no telling what may happen.
>   何が起こるかわかりません。
> (4) It is no use complaining about the mistake.
>   その過ちについて不平を言っても無駄だ。

この4つの例文は必ず覚えて下さいね！

ここがポイントです！

❶ to のあとに動名詞を続ける表現

look forward to ~ing（~するのを楽しみにする）、be used to ~ing（~するのに慣れている）、be opposed to ~ing（~するのに反対している）、What do you say to ~ing?（~するのはどうですか？）、When it comes to ~ing（~のことになると）、devote oneself to ~ing など（~することに…を捧げる）

(1) I'm looking forward to going to the concert.

これらの表現の to は前置詞なので動名詞を用います。例文（1）の look forward to はその代表的な表現ですが、to につられて不定詞

と思って、つい動詞の原形にしてしまうので注意が必要ですね。

例

I'm not used to living in big cities.
私は大都市に住むことに慣れていない。
Are you opposed to buying a new computer?
新しいコンピュータを買うのに反対ですか？

❷ 前置詞のあとに動名詞を続ける表現

feel like ~ing（~したい気がする）、make a point of ~ing（~することにしている）、on ~ing（~するとすぐに）、cannot help ~ing（~せずにはいられない）、keep A from ~ing（A が~することを防げる）、be worth ~ing（~する価値がある）など

(2) I don't feel like eating anything now.

　これらの表現は前置詞のあとに動名詞を続ける表現です。例文 (2) の feel like の like は「~のような」という意味の前置詞ですが、少しわかりにくかったかもしれませんね。

例

I make a point of walking every day.
私は毎日散歩をすることにしている。
On arriving at the station, we ran to the train.
駅に着くとすぐに、私たちは列車へと走っていった。
I cannot help laughing when I hear her joke.
彼女の冗談を聞くと笑わずにはいられない。

❸ There や It で始めて動名詞を使う表現

There is no ~ing(~することはできない)、It is no use~ing(~しても無駄である)、It goes without saying that ~(~は言うまでもない)、It is worth ~ing(~する価値がある)など

(3) There is no telling what may happen.

(4) It is no use complaining about the mistake.

　最後は There や It で始まって動名詞を用いる表現です。例文(3)や(4)はその中でも特に大切な表現ですが、その他の表現もとても大切なのでしっかりとマスターしましょうね！

例

It goes without saying that health is above wealth.
健康が富に勝るのは言うまでもない。
It is worth seeing that movie.
(=That movie is worth seeing.)
あの映画は観る価値がある。

プラスα

cannot (never) ... without ~ ing(~しないで…できない)の書き換えに注意してください！この表現は書き換えなどの問題でもよく出題されます。この書き換えには remind A of B(A に B を思い出させてくれる)のような表現を使うとうまくいきますよ。

例
I never see this picture without thinking of my younger days.
= This picture always reminds me of my younger days.

ポイントの整理
動名詞の重要表現

It is no use ~ing, There is no~ing, cannot help ~ing, be worth ~ing, on ~ing, feel like ~ing, keep (prevent) A from ~ing, cannot (never) ... without ~ing, It goes without saying that ~, look forward to ~ing, be used to ~ing, be opposed to ~ing, What do you say to ~ing?

第7章 動名詞を加える場合

4 動名詞と不定詞

➡動名詞の最後に動名詞と不定詞の違いについて勉強をしていきましょう！

例文

(1) I have just finished sending an e-mail to her.
今ちょうど彼女にメールを送ったところです。

(2) It was late. We decided to go home.
遅くなったので、家に帰ることにした。

(3) I remember seeing her for the first time.
初めて彼女に会ったことを覚えています。

この3つの例文はぜひ覚えて下さいね！

ここがポイントです！

ほとんどの動詞は後ろに動名詞でも不定詞でもおくことができるんですが、一部の動詞は、どちらか一方しかおくことができなかったり、両方おくことはできても意味が違う場合があるので注意しましょう！

① 動名詞のみを目的語とする動詞

mind（気にする）、enjoy（楽しむ）、give up（あきらめる）、avoid（避ける）、deny（否定する）、miss（しそこなう）、put off（延期する）、practice（練習する）、stop（やめる）、consider（よく考える）、imagine（想像する）、suggest（提案する）など

(1) I have just finished sending an e-mail to her.

119

動名詞のみを目的語とする動詞の特徴は、「後の動名詞が過去にしたこと、または今していることを表す」、「後の動名詞が表す行為に対して消極的・否定的な意味合いを持つ」、そして「後の動名詞がまだするかどうか決まっていない」のいずれかのニュアンスを生む点です。例文（1）は sending が過去にしたことを表していますね。もう少し例をあげておきましょう。動名詞のみをとる動詞もとてもよく試験などで出題されますよ。

例
My father has finally given up smoking.
私の父はやっとタバコをやめた。
I put off going to the dentist.
私は歯医者に行くのを延ばした。
John suggested asking the teacher for advice.
ジョンは先生に助言を求めてはどうかと提案した。

❷ 不定詞のみを目的語とする動詞

want (hope, expect, desire, wish)（望む）、decide（決める）、plan（計画する）、promise（約束する）、pretend（ふりをする）、offer（申し出る）、refuse（断る）

（2）It was late. We decided to go home.

　不定詞だけを目的語にする動詞は「これからのことに対して何らかの意志を表す」場合が多いです。例文（2）の動詞 decide も「これからすることを決める」という意味の動詞ですね。もう少し例を見てくださいね。

例

I hope to visit the museum again.
その博物館をもう一度訪ねたいと思っています。
The boys refused to listen to me.
少年たちは私の言うことをどうしても聞こうとしなかった。

❸ 動名詞と不定詞とで意味が違う動詞

remember ~ing（~したことを覚えている）
remember to ~（~するのを覚えている）
forget ~ing（~したことを忘れる）
forget to~（~するのを忘れる）
regret ~ing（~したことを後悔する）
regret to ~（~するのを残念に思う）

(3) I remember seeing her for the first time.

　動詞の中には、動名詞と不定詞の両方を後ろに置くことができるが、意味が違ってくる動詞があります。例文（3）の remember はその中でもっとも大切な動詞なんです。例文（3）は後ろが動名詞なので「彼女に会ったことを覚えている」という意味になりますね。では、remember の後ろが不定詞の例も見ておきましょうね。

例

Remember to lock the door.
ドアにかぎをかけるのを覚えていてね。
（忘れずにドアにかぎをかけてね。）

プラスα

不定詞と動名詞の使い分けに、注意してほしい表現があるので覚えておいてくださいね。

be sure of ~ing（~すると確信している）
→ be sure to~（きっと~するだろう）
stop ~ing（~するのをやめる）
→ stop to~（~するために止まる）
go on ~ing（~し続ける）
→ go on to~（次に~する）

例
Ken is sure of winning the game.
ケンはその試合に勝つと確信している。
(Ken is sure to win the game.
ケンはきっとその試合に勝つだろう。)

プラスα

「~する必要がある」を英語になおす時は、need ~ing と need to be ~の2通りが考えられることを知っておいてくださいね。

例
Your essay needs correcting.
(Your essay needs to be corrected.)
あなたのエッセーは修正が必要だ。

第 7 章 動名詞を加える場合

ポイントの整理

1 動名詞のみを後ろに置く動詞
   mind, enjoy, give up, avoid, deny, put off, stop, finish, practice, miss, imagine など
2 不定詞のみを後ろに置く動詞
   want (hope, expect, desire), decide, promise, pretend, learn, manage, fail, afford など
3 動名詞と不定詞では意味が異なる動詞
   remember, forget, regret, try など

ポイントチェック！

1 （動名詞の基本用法に関する問題）　次の各文のかっこ内より適切な語を選んでください。

1. (**Eat**, **Eating**) too much meat is bad for your health.
   肉を食べすぎるのは健康に悪い。

2. I enjoyed (**talking**, **telling**) with the guests.
   私は来客と話をして楽しんだ。

3. He insisted on (**going**, **to go**, **go**) alone.
   彼は1人で行くと主張した。

4. She decided (**going**, **to go**) to the party with John.
   彼女はジョンと一緒にパーティへ行くことに決めた。

5. I remember (**to send**, **sending**) an e-mail.
   私はEメールを送ったのを覚えている。

2 （動名詞の意味上の主語、完了形の動名詞に関する問題）　次の各文のかっこ内より適切な語を選んでください。

1. Would you mind (**I**, **my**) sitting on this seat?
   この席に座ってもよろしいですか？

2. He is proud of (**being**, **having been**) a singer.
   彼は歌手であったことを誇りにしている。

3. They were tired from (**walking**, **having walked**) for miles.
   彼らは何マイルも歩いたので疲れていた。

4. I am sorry for (**having not**, **not having**) answered your letter soon.
   あなたの手紙にもっと早く返事を出さなくてすみません。

5. Everyone likes (**admired**, **admiring**, **being admired**).
   誰でもほめられるのが好きだ。

解答と解説

Eating ▶ 動名詞が主語の働きをしています。

talking ▶ enjoy は動名詞を目的語にとる動詞で、後ろに with があるので talking を選んでくださいね。

going ▶ 動名詞が前置詞 on の目的語となっています。

to go ▶ decide は後ろに不定詞をとる動詞でした。

sending ▶「～したのを覚えている」という意味の時は、remember の後ろは動名詞となりますね。

my ▶ 動名詞の意味上の主語は「所有格・目的格＋動名詞」で表されるので my を選びましょう。

having been ▶ 文の動詞より前の時を表す場合は「having ＋過去分詞」という完了形の動名詞で表したので、having been が正解になりますね。

having walked ▶ これも文の動詞より前の時を表しているので、完了形の動名詞が答えですね。

not having ▶ 動名詞の否定形は「not ＋動名詞」で表しましょう。

being admired ▶ 動名詞の受け身は「being ＋ 動名詞」で表してくださいね。

3 （動名詞の重要表現に関する問題） 次の各文のかっこ内より適切な語を選んでください。

1. I am looking forward to (**see, meet, seeing**) you again.
あなたにまた会えることを楽しみにしています。

2. He felt like (**cry, crying for, crying at**) the terrible sight.
彼は恐ろしい光景を見て泣きたくなった。

3. It is no use (**to worry, worrying, worrying about**) it.
そのことについて心配しても仕方がない。

4. There is no (**telling, saying, talking**) what may happen in the future.
将来何が起こるかわかりません。

5. This song is worth (**listening, listening to**).
この歌は聴く価値があります。

第7章 動名詞を加える場合

seeing ▶ look forward to は動名詞をとり、「～するのを楽しみにしている」という意味になりました。

crying at ▶ feel like も後ろに動名詞をおいて「～したい気がする」となりましたね。またこの at は「～を見て」という意味になります。

worrying about ▶ It is no use ～ing で「～してもむだだ」となりましたね。また、worry の後ろには about が必要です。

telling ▶ There is no ～ing で「～することはできない」という意味になります。

listening to ▶ be worth ～ing で「～する価値がある」となりました。また listen は to が必要なので注意しましょう！

第8章 分詞を加える場合

I saw a crying boy yesterday.

この章では分詞について勉強をしていきましょう。分詞には現在分詞と過去分詞があります。そして、その言葉からもわかるように、動詞と形容詞の2つの用法にわかれているんですよ。

イメージ図

a crying　　　a broken cup

過去分詞は動詞にingをつけて、『~している』という進行の意味を持ち、過去分詞は動詞にedをつけたり、形を変えて『~される[た]』という受動の意味を持ちます。そのためAは『泣いている男の子』、Bは『割れたカップ』となります。

分詞のポイント

1. 分詞の発想→動詞と形容詞の働きを持っています。
 (=現在分詞[動詞+ing]、過去分詞[動詞+ed、形を変える])

2. 分詞の基本パターン

  現在分詞には進行の意味があるので『~している』となります。

  過去分詞には受動の意味があるので『~される』となります。

128

第8章 分詞を加える場合

1 名詞を修飾する用法

➡ここでは、S + V に、形容詞の働きをもつ分詞が加わる場合を勉強しましょう！ポイントは、分詞に何か他の語句がつくと、後ろから名詞を修飾し、分詞1つだと前から修飾するという点ですよ。

例文

(1) Panda is an animal living in China.
パンダは中国に生息している動物です。

(2) English is a language spoken all over the world.
英語は世界中で話されている言語です。

(3) We were looking at the setting sun.
私たちは沈む夕日を見ていた。

(4) The boy was playing with a broken toy.
その男の子は壊れたおもちゃで遊んでいた。

この4つの例文は必ず覚えて下さいね！

ここがポイントです！

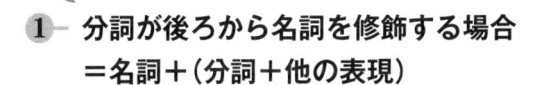

1 ― 分詞が後ろから名詞を修飾する場合
＝名詞＋（分詞＋他の表現）

(1) Panda is an animal living in China.

(2) English is a language spoken all over the world.

　分詞は、他の表現と一緒になっている時は、後ろから名詞を修飾する働きをもつようになることに注意してくださいね。

　名詞を後ろから修飾する場合は、次の2通りのパターンがあります。

129

名詞＋現在分詞＋他の表現 『〜している名詞』
名詞＋過去分詞＋他の表現 『〜される名詞』

　例文（1）では、living in China が an animal を修飾しています。また、例文（2）では、spoken all over the world が a language を修飾しているんです。
　（1）の現在分詞が名詞を修飾する場合は、『〜している名詞』という能動的で、現在進行している様子をとても生き生きと伝えることができ、過去分詞が名詞を修飾する場合は、『〜されている名詞』というように受動的な意味が伝わってきます。

❷ 分詞が前から分詞を修飾する場合 ＝ 分詞＋名詞

（3）We were looking at the setting sun.
（4）The boy was playing with a broken toy.

　分詞が 1 語の場合は、名詞を前から修飾します。この場合も次の 2 つのパターンがあるんです。

　現在分詞＋名詞 『〜している名詞』
　過去分詞＋名詞 『〜される名詞』

　例文（3）では setting が sun を修飾していて、例文（4）では broken が toy を修飾しています。

第 8 章 分詞を加える場合

感情を表す他動詞の分詞に注意してくださいね！

例

○ Excited fans rushed to the stage.
× Exciting fans rushed to the stage.
興奮したファンがステージに押し寄せた。

　excite は「（人を）興奮させる」という意味の他動詞で、現在分詞は「興奮させている」、過去分詞は「興奮させられた」の意味になるので、excited が正しいですね。exciting は次のような場合に使われます。

例

I want to see an exciting movie.
私はわくわくするような映画が見たい。

　〈名詞＋分詞＋他の語句〉を見たら、分詞＋他の語句にかっこをして前の名詞を修飾してみてください。難しい英文を読む時、とても役に立ちますよ！

例

The total number of people (living in extremely poor conditions) is 1.1 billion.
➡ この英文では living 〜 poor conditions にかっこをして The total number of people を後ろから修飾すると、「極めて貧しい暮らしをしている人たちの総数は 11 億人にのぼる。」と訳すことができます。

The unicorn is the most mythical of all animals (talked and written over the centuries).

➡この英文では talked and written over the centuries にかっこをして the most mythical of all animals を修飾すると「一角獣は何世紀にもわたって語られそして書かれてきた全ての動物の中で最も神秘的である。」と訳すことができますね。

ポイントの整理

1 名詞＋分詞＋他の表現
　→分詞に他の表現がつく場合は名詞をうしろから修飾する。
2 分詞＋名詞
　→分詞が単独の場合は名詞の前に置かれてその名詞を修飾する。

第8章 分詞を加える場合

② 補語になる用法

➡ここでは、補語の働きをする分詞について勉強しましょう！分詞には動詞の働きと形容詞の働きがありましたね。この形容詞の働きが補語としての働きにつながっていると考えてくれるとわかりやすいはずです。では一緒に見ていきましょう！

例文

(1) My son came running toward me.
　　息子が私のほうに走って来た。

(2) I saw Jane standing at the door.
　　私はジェーンがドアのところに立っているのを見た。

(3) I'll have my bicycle repaired.
　　私は自転車を修理してもらうつもりです。

この3つの例文はぜひ覚えて下さいね！

ここがポイントです！

　分詞にも文中で補語（C）の働きをして、主語（S）や目的語（O）の説明をしてくれる働きがあるんです。そのようなCの働きをするのは次の2つの文型においてです。それはSVCの文型とSVOCの文型です。では、その文型を1つずつ見ていきましょう！

①― S＋V＋C（＝現在分詞・過去分詞）

(1) My son came running toward me.

　これはSVCのCで分詞が使われている形です。Cの分詞はSのことを説明してくれるんです。例文（1）では息子の様子をrunning

133

toward me という現在分詞からなる補語が生き生きと説明してくれているのがおわかりですね。では、次の例はどうですか？

例

The gate remained closed all day.
門は一日中閉じられたままだった。

　門が一日どうなっていたかということを closed all day という過去分詞からなる補語が説明してくれていますね。

❷ S＋知覚動詞（see, hear, feel）＋O＋C（＝現在分詞・過去分詞）

① S + see (hear, feel) + O + 現在分詞～
＝SはOが～しているのを見る（聞く、感じる）
② S+ see (hear, feel) + O + 過去分詞～
＝SはOが～されるのを見る（聞く、感じる）

(2) I saw Jane standing at the door.

　今度はCがSVOCのCとしてOのことを説明している例をみていきましょう。まずVが知覚動詞の場合は上の２つの形になるんです。①はCが現在分詞で、②はCが過去分詞になっていますね。例文（2）は①の例で standing at the door がCとなってOの Jane を説明してくれていますね。次の例はどうですか？

例

She heard her name called.
彼女は自分の名前が呼ばれるのを聞いた。

calledという過去分詞がCとなってher nameのことを説明しているのがおわかりでしょう。

❸ S＋使役動詞＋O＋C（＝現在分詞・過去分詞）

S+ have [get] + O 物+過去分詞～＝ S は O を～してもらう（される）

(3) I'll have my bicycle repaired.

次はVが使役動詞のSVOCの場合です。この場合の使役動詞は主にhaveやgetで「～してもらう」と「～される」という２つの意味をもつんです。どちらの意味にするかはSの意志が働いているかどうかで決まるんですよ。例文（3）はrepaired「修理される」のはIの意志なので「修理してもらう」となるんですね。次の例はどうですか？

例

I had my hat blown by the strong wind.
私は強風で帽子を飛ばされた。

帽子がblown「飛ばされる」のはIの意志ではないですね。ですから「飛ばされた」という意味が生まれてくるんですよ。

使役動詞がmakeになる場合もあります。make + O + 過去分詞で『Oを～されるようにする』という意味になるんですよ。

例

I could make myself understood in English.
私は英語で自分の考えを理解してもらうことができた。

> **プラスα**
>
> have ＋O 物＋C 過去分詞〜『O を〜してもらう・O を〜される』と have ＋O 人＋C 動詞の原形〜『O に〜してもらう』に注意しましょう！
>
> have の後ろに O と C が置かれる時、O が物の時は過去分詞になり、O が人の時は動詞の原形になることに注意してくださいね。
>
> 次の例題はどうでしょうか？
>
> **例題**
>
> Lucy (had test her eyes, had her eyes test, had her eyes testing, had her eyes tested) yesterday, and she needs glasses.
>
> 答えは had her eyes tested ですね。her eyes が O になるので過去分詞が C になるんですね。

ポイントの整理

1　S＋V＋C（＝現在分詞・過去分詞）

　①S＋come (stand, sit, lie) ＋現在分詞

　②S＋keep (remain, look, seem) ＋過去分詞

2　S＋V＋O＋C（＝現在分詞・過去分詞）

　1）S＋知覚動詞 (see, hear, feel) ＋O＋C（＝現在分詞・過去分詞）

　　①S＋see (hear, feel) ＋O＋現在分詞〜

　　②S＋see (hear, feel) ＋O＋過去分詞〜

　2）S＋使役動詞＋O＋C（＝現在分詞・過去分詞）

　　①S＋have＋O 物＋過去分詞〜

　　②S＋make＋oneself＋過去分詞〜

料金受取人払郵便

牛込局承認
6899

差出有効期間
平成28年3月
14日まで

（切手不要）

郵便はがき

162-8790

東京都新宿区
岩戸町12 レベッカビル
ベレ出版
　　読者カード係　行

◀お申し込み▶

小社図書のご注文はお近くの書店へ（店頭にない場合でもお取寄せできます）このハガキにてお申し込みの場合：弊社にハガキが到着してから4〜7日ほどで代引きサービスにてお届けします。　送料は冊数にかかわらず合計金額1000円以上で200円 1000円未満の場合は300円です。代金は商品到着時に配送業者へお支払い下さい。（代引き手数料込み）

ご注文書籍名	本体価格	ご注文数
	円	冊
	円	冊

お届け先ご住所　〒

お名前　　　　　　　　　　　☎　　　（　）

⚠こちらの面は注文書になります、ご感想等は裏面にご記入下さい。

愛読者カード

URL:http://www.beret.co.jp/

お手数ですがこのカードでご意見をお寄せ下さい。貴重な資料として今後の編集の参考にさせていただきます。個々の情報を第三者に提供することはありません。

■本書のタイトル

■お名前	■年齢	■性別
■ご住所 〒　　　　　　TEL ■Eメールアドレス	■ご職業	

●本書についてのご感想をお聞かせ下さい。

●こんな本がほしい、というご意見がありましたらお聞かせ下さい。

●DM等を希望されない方は○をお書き下さい。　□
●個人情報は弊社の読者サービス向上のために活用させていただきます。

第 8 章 分詞を加える場合

3 分詞構文その 1

➡ここでは、分詞構文について勉強しましょう！分詞構文と聞くとまた新しいことを勉強しなければならないと思う人がいるかもしれませんが、分詞を使って生き生きと文の補足説明をしてくれる表現と思ってくださいね。では、始めましょう！

例文

(1) He had breakfast, reading the newspaper.
新聞を読みながら、彼は朝食をとった。

(2) Driving yesterday, I found a nice restaurant.
昨日ドライブをしているときに、いいレストランを見つけた。

(3) Feeling sick, he went to bed early.
気分が悪かったので、彼は早く寝た。

この3つの例文はぜひ覚えて下さいね！

ここがポイントです！

分詞、特に現在分詞で始まる表現が文の前後に加わって、同時・時・理由などの意味を表しながら文の補足説明をしてくれる構文と理解してくれるといいと思います。分詞構文にどの意味を持たせるかは、あくまでも前後関係から判断をしてくださいね。分詞構文を使うと文を簡潔に生き生きと表すことができます。では、例文を通して分詞構文の働きを味わってみましょう！

❶ ..., 分詞〜＝「〜しながら…」
〈2つの動作が同時に行なわれている場合〉

(1) He had breakfast, reading the newspaper.

例文（1）は He had breakfast「彼は朝食を食べた」という文に reading the newspaper「新聞を読みながら」という分詞構文が加わっています。どんな感じでしょうか？分詞構文が加えられると単に He had breakfast と書くよりもっと生き生きと彼がどんな様子で朝食を食べていたかが伝わってきませんか？

❷ 分詞〜, …＝「〜するとき」〈時を表す〉

(2) Driving yesterday, I found a nice restaurant.

　例文（2）は、I found a nice restaurant. という文に、Driving yesterday という分詞構文が加わったものと考えてみましょう。そして、その Driving yesterday は文脈から判断して、時を表していると考えて「昨日ドライブをしているときに」という意味になっています。

❸ 分詞〜, …＝「〜なので」〈理由を表す〉

(3) Feeling sick, he went to bed early.

　例文（3）は、Feeling sick という分詞構文が he went to bed early という文に加わっていますね。そして、どんな意味になるかを考えたとき、理由の意味を込めると意味が自然になるので「気分が悪かったので」という訳になっています。

> **プラスα**
> 　過去分詞ではじまる分詞構文は、過去分詞の前に Being が省略されているので、それを補って考えていきましょう。また、その意味はほとんどの場合、理由や条件を表しています。

第8章 分詞を加える場合

例

Written in plain English, this book is easy to read.
わかりやすい英語で書かれているので、この本は読みやすい。

　この文は過去分詞ではじまっているので Being が省略されているんですね。そして、過去分詞ではじまる場合は理由の意味が込められている場合がほとんどなので、「わかりやすい英語で書かれているので」という訳が生まれました。条件の意味をもつ場合も時々あるので、その例文も見てくださいね。

例

Compared to his sister, he is more artistic.
彼の妹と比べると、彼のほうが芸術家肌だ。

ポイントの整理
1　分詞構文　→　分詞で始まる表現のカタマリで、文の前後で、時・理由・条件などの意味を表す構文
2　分詞構文の形　→分詞～, ...（..., 分詞～）

4 分詞構文その2

➡ここでは、分詞構文のさまざまな形について勉強します！特に大切なのは分詞構文の否定形と完了形です。ではさっそく始めましょう！

例文

(1) Not knowing his address, I couldn't write to him.
彼の住所がわからなかったので、私は彼に手紙を書くことができなかった。

(2) Having finished lunch, I went to the library.
昼食を終えてから、私は図書館に出かけた。

(3) My mother being sick, I cooked dinner for her.
母が病気だったので、私が代わりに夕食を作った。

(4) Talking of music, do you like classical music?
音楽と言えば、あなたはクラシックは好きですか。

この4つの例文は必ず覚えて下さいね！

ここがポイントです！

①-分詞構文の否定形

■ Not +分詞〜, ... = 〜でないので、…

(1) Not knowing his address, I couldn't write to him.

分詞構文の否定形は、分詞の前に not を置きましょう。また分詞構文の否定形の意味はほとんどの場合、理由を表します。ですから例文(1)は、「彼の住所がわからなかったので」となるんですね。

理由を表す分詞構文を As を使って書き換えると〈As +S + do / does / did　not + 動詞, ...〉となります。例文(1)は As I didn't know his address, I couldn't write to him. となりますね。

第 8 章 分詞を加える場合

❷ 完了形の分詞構文
■ Having ＋過去分詞～, ... ＝～したので、…

(2) Having finished lunch, I went to the library.

　分詞構文が表す「時」が、文中の動詞よりも前なら〈having ＋過去分詞〉の形で表しましょう。この場合もほとんどは理由や「～の後」という「時」を表すので、例文 (2) は、〈After / As ＋ S ＋ had 過去分詞 , ...〉で書き換えられ After I had finished lunch, I went to the library. となりますね。

　完了形の分詞構文は難しいので、もう 1 つ例を見ておきましょう。

例
Having good scores, Nancy got a scholarship to college.
ナンシーは成績がよかったので、大学進学への奨学金を得た。

❸ 分詞の意味上の主語を示す場合
■意味上の主語 S ＋分詞～, ... ＝ S が～だったので、…

(3) My mother being sick, I cooked dinner for her.

　分詞の意味上の主語が文の主語と違う場合、分詞の前にその主語をおく必要がでてきます。例文 (3) では、病気だったのは私ではなくて、母だったので、分詞の前に意味上の主語である My mother がおかれます。もし書き換えるとしたら〈As ＋ 意味上の主語＋動詞～, ...〉で、As my mother was sick, I cooked dinner for her. となりますね。

例
The day being rainy, I didn't go out.
その日は雨だったので、私は外出しなかった。

❹ 分詞構文の慣用的な表現

(4) Talking of music, do you like classical music?

　分詞構文の意味上の主語が一般の人々や話し手自身の場合、その意味上の主語は普通、省略されます。例文（4）はその一例ですが、分詞構文でこのように意味上の主語が省略されている表現はたくさんあります。以下の表現は代表的なものなのでぜひ覚えてくださいね。

Talking (Speaking) of ＝～と言えば
Generally (strictly, frankly) speaking
　＝一般的に（厳密に、率直に）言えば
Judging from ＝～から判断すると
Considering (Taking ~ into consideration) ＝～を考慮に入れれば
weather permitting ＝天気がゆるせば

例
Generally speaking, Japanese people are hard-working.
一般的に言って、日本人は勤勉だ。
The game will be held, weather permitting.
天気がゆるせば、試合は行なわれる。
Judging from what she says, she must be really busy now.
彼女の言葉から判断すると、今とても忙しいにちがいない。

第8章 分詞を加える場合

> **プラスα**
>
> 分詞構文が少し変形されて使われる場合があります。
>
> ①接続詞+分詞構文
>
> 接続詞の意味をはっきりさせるために、接続詞を分詞の前に置くことがあります。
>
> **例**
>
> Though not known to many people, the restaurant serves very nice stew.
>
> あまり人には知られていないが、そのレストランはとてもおいしいシチューをだす。
>
> ② being の省略
>
> 〈being +名詞（形容詞）〉の分詞構文でも being が省略されることがあります。
>
> **例**
>
> Busy this weekend, I cannot go fishing.
>
> 今週末は忙しいので、釣りに行けない。
>
> ➡ この例では Busy の前に Being が省略されています。

ポイントの整理

1 完了形の分詞構文→ Having +過去分詞～
2 分詞構文の慣用表現→ Judging from ～, Taking ～ into consideration, weather permitting, Talking of ～, Generally speaking　など

5 分詞の重要表現

➡最後に分詞の重要表現を勉強していきましょう。もうひと息なのでがんばりましょうね！

例文

(1) He is busy preparing for tomorrow's lessons.
彼は明日の授業の準備にとても忙しい。

(2) Mr. Brown spends his free time painting pictures.
ブラウン氏は時間のある時は絵を描いています。

(3) Tom had much difficulty learning Japanese.
トムは日本語を学ぶのにとても苦労しました。

(4) There is some wine left in the bottle.
ボトルにワインが少し残っています。

(5) She sat on the sofa with her eyes closed.
彼女は目を閉じてソファーに座っていました。

この5つの例文は必ず覚えて下さいね！

ここがポイントです！

ここで勉強する分詞の表現はどれも大切なもので、その数も多いのですが、その基本はSとVを中心とした文に分詞の表現が加わったものと考えてくださいね。それでは1つずつ見ていきましょう！

①─ be busy ＋ ～ ing ＝～するのに忙しい

(1) He is busy preparing for tomorrow's lessons.

144

第 8 章 分詞を加える場合

　例文（1）の表現は本来 be busy「いそがしい」に in~ing「~するのに」が加わってできたものなんですよ。それが in の省略によって be busy~ing という表現になったのです。

❷ spend 時 O + ~ ing = O を~して過ごす

(2) Mr. Brown spends his free time painting pictures.

　例文（2）の表現も spend +時 O「O を過ごす」に~ing「~して」が加わって成り立っているんです。spend の代わりに waste「~を無駄にする」を使うこともあるので例をあげておきますね。

例

Don't waste a lot of time reading comic books.
マンガを読んで多くの時間を無駄にしてはいけませんよ。

❸ have difficulty + in ~ ing = ~するのに苦労する

(3) Tom had much difficulty learning Japanese.

　例文（3）の表現もまた have difficulty「苦労する」に in~ing「~するのに」という分詞を用いた表現が加わったと思ってくださいね。difficulty の代わりに trouble や a hard time もよく使われますので例を参照してください。また、この in は省略される場合が多いです。

例

I have trouble sleeping these days.
最近眠るのに苦労している。

145

I had a hard time finding a job.
私は就職するのに苦労した。

4 There is (are)＋S 分詞＝S が〜している / されている

(4) There is some wine left in the bottle.

　例文（4）のもとになっている表現はThere is 〜「〜がある、〜がいる」ですね。これにS（分詞の意味上の主語）＋分詞が加わっているんです。例文（4）は分詞が過去分詞になっているので「ワインが少し残されている状態がある」と理解してくださいね。では、現在分詞の例も見ておきましょう。

例
There are many children playing in the playground.
運動場でたくさんの子どもたちが遊んでいる。

5 with ＋ O 分詞＝ O を〜して（したままで）

(5) She sat on the sofa with her eyes closed.

　最後はwith「〜をもっている」にO 現在分詞〔過去分詞〕「O が〜している〔されている〕状態」が加わった表現です。例文（5）は「彼女は目が閉じられた状態をもってソファーに座っていた」という意味が込められているんですね。もう1つ現在分詞の例をあげておきますね。

例
She passed by with her hair streaming.
彼女は髪をなびかせて通りすぎた。

第8章 分詞を加える場合

> **プラスα**
>
> with ＋名詞 O ＋前置詞句（形容詞・副詞）〜＝ O を〜して
>
> 〈with ＋名詞＋分詞〉の分詞の代わりに、前置詞句（形容詞・副詞）が置かれている場合も、with が「〜して」という意味をもつことがあります。
>
> **例**
>
> She told me a sad story with tears in her eyes.
> 彼女は目に涙を浮かべて悲しい物語を話してくれた。
>
> Don't speak with your mouth full.
> 食べ物をほおばったままでものを言うな。
>
> She went out with the light on.
> 彼女は明かりをつけっぱなしにして外出した。

ポイントの整理
分詞の重要表現
→ be busy 〜ing、spend 時〜ing、have difficulty 〜ing、with ＋名詞＋分詞 など

ポイントチェック！

1 （名詞を修飾する用法に関する問題） 次の各文のかっこ内から適切な語を選んでください。

1. Tom is one of the guests (**inviting**, **invited**) to the party.
   トムはパーティに招待された客のひとりです。

2. There are many people (**spoken**, **speaking**) English in their daily life.
   日常生活で英語を話している人はたくさんいる。

3. Put some salt into the (**boiling**, **boiled**) water.
   沸騰している湯に塩を少し入れなさい。

4. We do not use the word in (**speaking**, **spoken**) English.
   話し言葉としての英語ではその語を使いません。

2 （補語になる用法に関する問題） 次の各文のかっこ内から適切な語を選んでください。

1. My mother looked (**surprising**, **surprised**) at the news.
   母はその知らせに驚いたように見えた。

2. I heard my name (**called**, **calling**) behind.
   私はうしろで名前が呼ばれるのを聞いた。

3. I'm very sorry to have kept you (**waited**, **waiting**) so long.
   長い間お待たせして本当にすみません。

4. He couldn't make himself (**understanding**, **understood**) in English.
   彼は英語で自分の言うことを理解してもらえなかった。

5. I had my room (**sweeping**, **swept**) for me.
   私は部屋を掃除してもらった。

第8章 分詞を加える場合

解答と解説

invited ▶「パーティに招待された客」なので過去分詞 invited が to the party を伴って後ろから名詞を修飾しています。

speaking ▶これは「日常生活で英語を話している人」なので現在分詞 speaking が English in their daily life を伴って many people を修飾していることになりますね。

boiling ▶今度は現在分詞 boiling が単独で前から water を修飾して「沸騰している湯」という意味になっています。

spoken ▶過去分詞 spoken が単独で English を修飾しているので「話し言葉」という意味になっているんですね。

surprised ▶ surprise「驚かす」は過去分詞形の surprised にすると「驚かされた」から「驚いた」という意味になりますね。

called ▶「名前が呼ばれるのを聞く」とあるので hear ＋ A ＋過去分詞 〜「A が〜されるのを聞く」という表現を思い出しましょう。

waiting ▶「あなたをお待たせしておく」に注目して keep ＋ A ＋〜ing「A が〜している状態にしておく」を使った waiting が答えになります。

understood ▶これは make oneself understood「自分自身を理解してもらう」という表現を用いてほしい問題です。

swept ▶ had ＋もの A ＋過去分詞〜「A を〜してもらう」を思い出せれば sweep の過去分詞 swept が選べますね。

149

3 （分詞構文に関する問題） 次の各文のかっこ内から適切な語を選んでください。

1. (**Entering**, **Entering into**) the room, I saw a beautiful picture.
   部屋に入ったとき、私は美しい絵を目にした。

2. (**Seeing**, **Seen**) from the plane, the lock looks like a human face.
   飛行機から見ると、その岩は人間の顔のように見える。

3. (**Knowing not what to say**, **Not knowing what to say**), I remained silent.
   何と言っていいかわからなかったので、私は黙っていました。

4. (**Doing**, **Done**, **Having done**) a good job, he felt quite satisfied.
   いい仕事をしたので、彼はとても満足した気分だった。

5. (**Judged**, **Judging**) from his expression, he is in a bad mood.
   表情から判断すると、彼は機嫌が悪い。

4 （分詞の重要表現に関する問題） 次の各文のかっこ内から適切な語を選んでください。

1. She was busy (**prepare for**, **preparing for**) the trip.
   彼女は旅行の準備で忙しかった。

2. Tom (**had no difficulty**, **had difficulty**) solving the problem.
   トムは簡単にその問題を解決した。

3. He spent the night (**talking**, **talk**) with the guest.
   彼は来客と話をして夜の時間を過ごした。

4. There was little wine (**leaving**, **left**) in the bottle.
   びんの中にはほとんどワインは残っていなかった。

5. She sat with her eyes (**closing**, **closed**).
   彼女は目を閉じて座っていた。

第 8 章 分詞を加える場合

Entering ▶これは、現在分詞が時を表す分詞構文ですね。enter は他動詞なので into はいらない点にも注意しましょう。

Seen ▶「見ると」は「見られると」と理解できるので、過去分詞が条件を表す分詞構文が正解になります。

Not knowing what to say ▶分詞構文の否定形は not + 分詞の形をとりましたね。

Having done ▶主文の動詞より 1 つ前の時を表したい時は Having + 過去分詞の形をとりましょう。

Judging ▶「〜から判断すると」は Judging from〜で表せましたね。

preparing for ▶「〜で忙しい」を表す表現は be busy〜ing ですね。

had no difficulty ▶「〜するのに苦労する」は have difficulty〜ing ですが、「〜するのに苦労しなかった (＝簡単に〜する)」は have no difficulty〜ing となります。

talking ▶ spend 時 A 〜ing「〜して A を過ごす」を思い出して、talking を選択してくださいね。

left ▶「〜はほとんど残っていなかった」を表すには There was little 不可算名詞 left を用いてくださいね。

closed ▶「目を閉じて」なので with 名詞 A 過去分詞〜「A を〜して」という表現を使ってくださいね。

第9章 前置詞を加える場合

I take a walk in the park.

この章では前置詞について勉強しましょう。前置詞は名詞の前に置く詞で文の意味を豊かにしてくれると理解してくださいね。

イメージ図

上のイメージ図は少年が公園を散歩している様子を表わしています。これを英語では I take a walk in the park. といいます。この文は in the park があることで少年が公園の中の広い範囲を散歩していることがわかってくるんです。

前置詞のポイント

1. 前置詞の発想→前置詞は名詞の前に置く詞。

2. 前置詞の基本パターン
 - 名詞+(前置詞+名詞)
   (前置詞+名詞が前の名詞を修飾する)
 - 文+(前置詞+名詞)
   (前置詞+名詞が文を修飾する)

第9章 前置詞を加える場合

1 前置詞の基本的な働き

➡ここではまず前置詞の基本的な働きについて勉強していきましょう！前置詞は後ろに名詞の働きをもつものを置いて文中でいろいろな働きをしています。その働きを理解すれば英文を読み、書き、話す際にとても役立ちますよ。

例文

(1) The flowers in the park are very beautiful.
公園の花はとてもきれいです。

(2) Mr. Smith is a professor at this university.
スミス氏はこの大学の教授です。

(3) He answered all the questions on the page.
彼はそのページの全ての問題に答えました。

(4) The boys played tennis in the park.
その少年たちは公園でテニスをしました。

(5) I usually get up at six.
私は普段6時に起きます。

(6) There are some pictures on the wall.
壁にいくつかの絵がかかっています。

> この6つの例文は必ず覚えて下さいね！

ここがポイントです！

❶ 前置詞＋名詞が形容詞の働きをしている場合
→名詞＋（前置詞＋名詞）

(1) The flowers in the park are very beautiful.

(2) Mr. Smith is a professor at this university.

(3) He answered all the questions on the page.

　前置詞＋名詞のカタマリが名詞の後ろに置かれて説明してくれる場合があります。例文（1）、（2）、（3）はそれぞれの前置詞＋名詞が前の名詞のことを後ろから補足説明をしています。これもまた足りない場合は足していくという英語の特色の1つなんです。

　前置詞＋名詞のカタマリがbe動詞の後ろに置かれて主語の説明をする場合もあるので、例をあげておきますね。

例

The company is in good condition.
その会社は状況がよい。

❷ 前置詞＋名詞が副詞の働きをしている場合
→文＋（前置詞＋名詞）または（前置詞＋名詞）＋文

(4) The boys played tennis in the park.

(5) I usually get up at six.

(6) There are some pictures on the wall.

　もう1つの働きは、前置詞＋名詞のカタマリが文の文頭や文末に置かれて、文全体を修飾する場合です。例文（4）～（6）の前置詞＋名詞のカタマリは文を後ろから補足説明をしてくれています。みなさんは、もうこれが英語の特色を表しているということを理解してくださいますね。2つ以上の前置詞＋名詞がある例も見ておきましょう。

第9章 前置詞を加える場合

例

My friend left for Canada in the morning.
私の友人は朝カナダへ発った。

> **プラスα**
>
> 　前置詞＋動名詞や前置詞＋名詞節（主語や動詞を含み名詞の働きをしている表現）にも要注意です！動名詞や名詞節は、名詞の働きをしているので、前置詞の後ろに置かれることがとても多いですよ！
>
> **例**
> She went out without saying anything. （前置詞＋動名詞）
> 彼女は何も言わずに出て行きました。
> He was surprised at what she said. （前置詞＋名詞節）
> 彼は彼女が言ったことに驚きました。

　英文に前置詞＋名詞（動名詞）のカタマリがあったらカッコ（　）をしてみましょう！主語Ｓと動詞Ｖを中心とした文であるのがわかりやすくなります。これも英文を読む時にとても役に立つので、ぜひ実行してくださいね。

例

The most famous radio broadcast (in history) took place (at 8:00 p.m.) (on October 30, 1938).

（S: The most famous radio broadcast、V: took place）

歴史上最も有名なラジオ放送は1938年の10月30日、午後8時に行なわれた。

(In 1996), $\underset{S}{\underline{200 \text{ million Americans}}}$ $\underset{V}{\text{watched}}$ the Summer Olympics (in Atlanta) (on television).

1996年2億人のアメリカ人がテレビでアトランタの夏のオリンピックを観た。

(In the United States), (according to research), $\underset{S}{\underline{99 \text{ percent of all homes}}}$ $\underset{V}{\underline{\text{keep}}}$ a television set turned (on for about seven hours a day).

調査によると、アメリカでは全ての家庭の99％が1日7時間テレビをつけていた。

(In recent years), (in Cambodia), $\underset{S}{\underline{\text{international companies}}}$ $\underset{V}{\underline{\text{have helped}}}$ poor farmers earn lots of money (by growing tobacco).

近年、カンボジアでは国際的な会社がタバコを育てることで、貧しい農民がたくさんのお金を得る手助けをしてきた。

ポイントの整理

1 前置詞＋名詞が形容詞の働きをする場合→名詞＋前置詞＋名詞
2 前置詞＋名詞が副詞の働きをする場合
　　→文＋前置詞＋名詞　　または　　前置詞＋名詞＋文

第 9 章 前置詞を加える場合

2 場所を表す前置詞

➡ここからは前置詞を意味別に考えていきましょう。まずその時に注意していただきたいのはそれぞれの前置詞のもつイメージなんです。ではさっそく場所を表す前置詞からみていきましょう。

例文

(1) We stayed at a hotel in Kobe.
私たちは神戸のホテルに泊まった。

(2) We took a picture on the bridge.
私たちは橋の上で写真を撮った。

(3) A helicopter was flying over the bridge.
ヘリコプターが橋の上空を飛んでいた。

(4) He left for Hawaii last week.
彼は先週ハワイへ向けて出発した。

(5) The moon moves around the earth.
月は地球のまわりを回る。

> この5つの例文は必ず覚えて下さいね！

ここがポイントです！

❶ at「〜に、〜で」（場所を一地点）と in「〜に、〜で」（場所の空間）

(1) We stayed at a hotel in Kobe.

まず at と in について考えていきましょう。at は場所を一地点にとらえています。例文 (1) ではホテルを点としてとらえています。それでは in はどうでしょうか？ in は神戸という広がりのある空間の中

157

にあることを表しているんです。ですから例文（1）は「神戸にあるホテルで」と訳せるんです。他の in の例もみてくださいね。

例

We take a walk in the park.
私たちは公園で散歩をします。

②― on「（接触して）〜（の上）に／で」

(2) We took a picture on the bridge.

　on はどうですか？ on は表面に接触していることを表すのに使われるので例文（2）は「橋の上にいる」ことを表していますね。
　on で注意してほしいことは、「上にのっている」場合だけでなく、側面や上面に接触している場合にも使える点なんですよ。それぞれの例も示しておきますね。

例

There are two books on the table.
テーブルの上に本が2冊ある。
There is a fly on the ceiling.
天井にハエが1匹とまっている。

③― over「〜の（真）上に」と under「〜の（真）下に」

(3) A helicopter was flying over the bridge.

　今度は over と under について考えていきましょう。すこし複雑になってきましたがついてきてくださいね。over は接触しないで「〜の（真）上に」という感覚で使われますので、例文（3）のようにヘ

リコプターが橋の上を飛んでいる場合にはぴったりですね。

　under は over のちょうど反対の意味を持つと考えてくださいね。つまり、接触しないで「〜の（真）下に」という感覚です。例文を1つ示しておきます。

例

A boat was passing under the bridge.
ボートが橋の下を通っていた。

　なお、接触しないで「〜より上（下）のほうに」を表す前置詞は above と below になります。

例

The plane is flying above the clouds.
飛行機は雲の上を飛んでいる。
The ship sank under the surface of the water.
その船は水面より下に沈んだ。

❹ to「〜へ、〜に」（方向・到達点）と for「〜に向けて」（方向）

(4) He left for Hawaii last week.

　次は for です。for は方向のみを表しますので、例文では彼がただハワイに向けて出発したという意味になります。to は方向に加えて到達点も表すことになるんです。また、toward も「〜に向かって」という意味をもつ前置詞で、大まかな方向を示します。

例

We swam to the island.
私たちはその島まで泳いだ。
Walk north from the bus stop toward the river.
バス停から川の方へ向かって北に歩きなさい。

5 around「～の周りに（を）」、about「～のあたりを（に）」

(5) The moon moves around the earth.

　最後に around と about について考えていきましょう。２つとも運動と位置の両方に使われるんです。例文（5）の around は「～の周りを」という意味で使われていますが、about の例としては次のようなものがわかりやすいかもしれませんね。

例

She likes looking about the shopping mall.
彼女はショッピングモールをあちこち見て回るのが好きだ。

> **プラスα**
> 　他にも場所を表す前置詞があるのでひとまとめにしておきますね。
> ① into「～の中へ」、out of「～の外へ」
> ② up「～の上のほうへ」、down「～の下のほうへ」
> ③ along「～に沿って」、across「～を横切って」、
> 　 through「～を通り抜けて」
> ④ near、by/beside「～の近くに」
> ⑤ between「～の間に」（２つのものの間）、among「～の間に」（３つ以上のものの間）、around（の周りに）
> ⑥ in front of「～の前に」、behind「～の後ろに」

第9章 前置詞を加える場合

例

The runner went up and down the hill several times.

そのランナーはその丘を何度か上り下りした。

You should walk beside me.

ぼくと並んで歩いた方がいいよ。

They swam across the channel.

彼らはその海峡を泳いで横断した。

My dream is to travel around the world.

私の夢は世界一周の旅をすることです。

ポイントの整理

1 at と in → at は「場所の一点」を、in は「広がりをもった場所」を表す。
2 on と over と above → on は「〜に接触して」、over は「〜の真上に」、above は「〜より上に」を表す。
3 over と under → under は「〜の真下に」、under は「〜より下に」を表す。
4 for と to → for は「方向」を、to は「到着点」を表す。

3 時を表す前置詞

→ここでは、時を表す前置詞について勉強しましょう。場所を表す前置詞もたくさん大切なものがありましたが、時を表す前置詞もとてもよく使われるのでしっかりと勉強していきましょうね！

例文

(1) The game starts at seven o'clock.
試合は7時から始まります。

(2) We will be here until ten.
私たちは10時までここにいます。

(3) This street is very busy during the day.
この通りは昼間はとてもにぎやかだ。

この3つの例文はぜひ覚えて下さいね！

ここがポイントです！

❶ at「〜に」（時刻・時点）、in「〜に」（月・季節・年）、on「〜に」（日・曜日）

(1) The game starts at seven o'clock.

これらの時を表す前置詞は、日本語ではどれも「〜に」になりますが、英語では後ろにくる時を表すものによって使い分けてくださいね。例文（1）は「7時というある一時点」なので at が用いられます。in の場合は「ある程度幅のある」時間に用いられます。

第9章 前置詞を加える場合

例

World War Ⅱ ended in 1945.
第二次世界大戦は 1945 年に終わった。

❷ until（till）「〜まで（ずっと）」（継続）、by「〜までに（は）」（期限）

(2) We will be here until ten.

　次は until と by という区別が少し難しい前置詞を取り上げますね。でも、until は「継続」を表し、by は「期限」を表すとおぼえておいてくれれば心配ないですよ。例文（2）は 10 時までここにいる状態が続くということを表しています。では by の例もみておきましょう。

例

We will be back by ten tonight.
私たちは今夜 10 時までには帰ってきます。
➡ 10 時までには帰ってくるという「期限」を表していますね。

❸ for「〜の間」（期間）、during「〜の間に」（特定の期間）

(3) This street is very busy during the day.

　最後は「〜の間」と訳せる for と during の違いについて勉強をしましょう。この 2 つの前置詞の違いを理解するには、for は「動作や状態が継続する時間の長さ」を表し、during は「（夏休みや、年末年始の休みなど、特定の期間）の間」を表すと考えてほしいんです。例文（3）は昼間という特定の期間を表しているので during が使われています。次の for の例は、ボブが日本を旅行したのは 3 週間の間だっ

163

た、ということを意味していますね。

例

Bob traveled in Japan for three weeks.
ボブは3週間日本を旅行しました。

> **プラスα**
>
> 〈今〉の時点から「～後」というときは in を使う、ということに注意してくださいね。
>
> **例**
>
> Let's meet here in a couple of days.
> 2、3日後、ここで会いましょう。
>
> 〈過去〉のある時点から「～後」というときは after を使ってくださいね！
>
> **例**
>
> She returned home after a few hours.
> 2、3時間後、彼は帰宅した。

ポイントの整理

1 at「～に」（時刻・時点）、in「～に」（月・季節・年）、on「～に」（日・曜日）
2 until (till)「～まで（ずっと）」（継続）、by「～までに（は）」（期限）
3 for「～の間」（期間）、during「～の間に」（特定の期間）

第9章 前置詞を加える場合

4 その他の注意すべき前置詞

➡ここでは、よく知っている前置詞がさまざまな意味をもつ例を勉強していきます。前置詞ももう少しなのでがんばりましょう！

例文

(1) Try to eat with a knife and a fork.
ナイフとフォークで食べてごらんなさい。

(2) The house is made of bricks.
その家はレンガ造りです。

(3) All the girls were in uniform.
少女たちはみな制服を着ていた。

(4) I bought the bicycle for 20,000 yen.
私はその自転車を2万円で買った。

この4つの例文は必ず覚えて下さいね！

ここがポイントです！

① with～「～で」手段、「～を持った」所有

(1) Try to eat with a knife and a fork.

with というと「～といっしょに」という意味がすぐに思い浮かぶと思いますが、実は手段や所有を表す場合もあるんです。例文（1）は手段の例ですが、所有を表す例文もあげておきますね。

例
Nancy is a girl with curly hair.
ナンシーは巻き毛の少女です。

165

❷ of～「～で」材料、「～という」同格

(2) The house is made of bricks.

　ofも「～の」という意味が一般的ですが、材料や同格の意味もあるんです。例文 (2) は「～で」という材料の意味で使われていますが、同格の意味もとても大切なのでみておきましょう。

例

I'm against the idea of building a new nuclear plant.
私は新しい原子力発電所を建設する考えには反対だ。

❸ in～「～を着ている」(着用)、「～(の状態)になる」(状態)

(3) All the girls were in uniform.

　inは時や場所を表す前置詞としてよく使われますが、例文 (3) では (着用) のinと呼ばれる用法で「～を着ている」という意味になるんです。この他には (状態) を表す意味でもよく使われるので例をあげておきますね。

例

She is now in good health.　彼女は今、健康だ。

❹ for～「～と引きかえに」(交換)、「～の代わりに」(代理)

(4) I bought the bicycle for 20,000 yen.

　forというと目的や方向の意味だけを思い浮かべてしまいがちですが、例 (4) のように (交換) の意味で使われることもとても多いんです。また、それと類似した意味として (代理) を表す場合もあるの

で下の例をみてくださいね。

例

They took me for my sister.　彼らは私を姉と見間違えた。

5 ─ その他

①原因・理由：from「〜から」、of「〜で」、at「〜を見て・聞いて」、for「〜のために」

例

They are all tired from overwork.
彼らはみんな過労で疲れている。
My grandfather died of cancer.
祖父はガンで亡くなった。
We were surprised at his answer.
私たちは彼の答えを聞いて驚いた。
The girl cried for joy.
少女はうれし泣きした。

②目的：for「〜のために」、on「〜に」、after「〜を求めて」

例

He chose this job for a living.
彼は生活のためにこの仕事を選んだ。
We went on a hike yesterday.
私たちは昨日ハイキングに行った。

A child was running after a dog in the park.
公園で子どもが犬を追いかけていた。

③賛成を表す for、反対を表す against

例

I am for her plan, but Tom is against it.
僕は彼女の計画に賛成だが、トムは反対している。

④「越えて」の意味の above, beyond

例

She is honest and above telling lies.
彼女は正直だからうそをついたりしない。
His idea is beyond my understanding.
彼のアイデアは私の理解を越えている。

〈of ＋抽象名詞〉や〈with ＋抽象名詞〉が形容詞・副詞の意味を表すときがあります。少し難しい英文を読む時によく見かける表現なので注意していきましょう！

例

of use(=useful), of help(=helpful), of importance(=important), of value(=valuable), of no use(=useless), with ease(= easily), with care (=carefully)など

第9章 前置詞を加える場合

例
Gold is a metal of great value.
金は高い価値がある金属である。
The website will be of some help.
そのウェブサイトはいくらか役立つだろう。
Please handle with care.
取り扱いには注意してください。

　前置詞は他の語と組み合わされて、とても大切な熟語を作っているので、いくつかあげておきますね。

例
because of~「~のために」、instead of~「~の代わりに」
according to~「~によると」、as for~「~について」
apart from~「~を除いては」、by means of~「~によって」
in spite of~「~にかかわらず」
for the purpose of~「~のために」 など

ポイントの整理
1 原因・理由：from「~から」、of「~で」、at「~を見て・聞いて」、for「~のために」
2 目的：for「~のために」、on「~に」、after「~を求めて」
3 賛成を表す for、反対を表す against
4 「越えて」の意味の above, beyond

ポイントチェック！

1 (前置詞の基本的用法に関する問題) 次の各文の選択肢の中から適切な語を選んでください。

1. All the books (**in, at, on**) this room are my father's.
   この部屋のすべての本は父のものだ。

2. She hung the picture (**in, at, on**) the wall.
   彼女はその絵を壁にかけました。

3. The boy (**of, with, in**) long hair is my brother.
   あの髪の毛の長い少年が私の弟です。

4. We cannot answer the questions (**with, without, by**) the textbook.
   その教科書がないと問題に答えられません。

2 (場所・時を表す前置詞に関する問題) 次の各文の選択肢の中から適切な語を選んでください。

1. There are many shops (**at, in, on**) Tokyo Station.
   東京駅にはたくさん店があります。

2. The plane is flying (**over, above**) the bridge.
   飛行機は橋の上を高く飛んでいる。

3. He was born (**at, in, on**) the morning of January 22.
   彼は1月22日の朝生まれました。

4. Please hand in the homework (**by, until, to**) next class.
   次の授業までにその宿題を提出してください。

5. We often go to the sea (**for, during, while**) the summer vacation.
   私たちは夏休みの間によく海へ行きます。

6. She will be back (**after, in, at**) a few minutes.
   彼女は数分したら戻ります。

第9章 前置詞を加える場合

解答と解説

in ▶ 場所の内部を表す in で、in this room が形容詞の働きをして All the books を修飾していますね。

on ▶ 接触を表す on で、on the wall が場所を表す副詞の働きをして文全体を修飾しています。

with ▶ 所有を表す with で、with long hair が形容詞の働きをして The boy を修飾していることに気づいてくださいね。

without ▶ without は「〜なしで」の意味を持ち、without the textbook が文全体を修飾しているんです。

in ▶ 東京駅の中を意味している in が正解になりますね。at は一点、on は接触を表しているので注意しましょう。

above ▶ above は「(離れて) 〜の上に」の意味をもちますが、over は「〜の真上に」を意味するので above が正解ですね。

on ▶ morning だけなら in ですが、後ろに日付があるので on が正解となります。

by ▶「〜までに」という期限を表すのは by でした。

during ▶ ある具体的な期間、表現を伴って「〜の間ずっと；〜の間のいつかある時に」を表す during が正解となります。

in ▶ 未来時制を伴って「〜が経過すれば」の意味を持つ in を選んでくださいね。

171

3 (その他の注意すべき前置詞に関する問題)次の各文の選択肢の中から適切な語を選んでください。

1. They sell used computers (**at**, **for**, **in**) 100 dollars each at that shop.
   あの店では、中古のコンピューターが1台100ドルで売られています。

2. Are you (**for**, **with**, **against**) his plan?
   あなたは彼の計画に賛成ですか?

3. Cheese is made (**by**, **from**, **of**) milk.
   チーズは牛乳からでできている。

4. She was dressed (**with**, **in**, **on**) blue dress.
   彼女は青のドレスを着ていました。

5. We chatted (**on**, **by**, **over**) a cup of coffee.
   私たちはコーヒーを飲みながらおしゃべりをした。

6. We danced (**with**, **to**, **by**) the music.
   私たちはその音楽に合わせて踊った。

第 9 章 前置詞を加える場合

at ▶価格や速度などの変化する数値の前には at が置かれましたね。

for ▶「〜に賛成」という意味を持つ for を選びましょう。

from ▶材料の質が変化しない時は of を、変化する時は from を選んでくださいね。

in ▶「〜を着て、〜を身につけて」という意味を持つ in が正解になりますよ。

over ▶「〜しながら」という意味をもつ over に注意しましょう。

to ▶「〜に合わせて」という意味をもつ to が正解です。

読み、書き、話すための
わかりやすい英文法の授業

四月十六日 木曜日 晴れ

Part 3

SとVに主語や動詞をともなう表現を加える場合

第10章 関係詞を加える場合

Hana is a girl who likes music.

この章では関係詞を加える場合について勉強しましょう！ 関係詞には名詞を後ろから補足説明する働きがあります。関係詞を加えるとひとつの名詞について、より詳しい情報を提供することができるんですね。

イメージ図

Hana is a girl.
ハナは女の子です。

She likes music.
彼女は音楽が好きです。

⇒ Hana is a girl (who likes music).
ハナは音楽が好きな女の子です。

ハナという名前の女の子を説明する時、Hana is a girl. だけでは物足らないと感じませんか？ そんな時は、代名詞と2つの文を関係づける働きを持つ関係代名詞 who を使って上の2つの文をひとつにしてみてください。Hana is a girl who likes music. になるとハナのことが前よりよくわかりますよね。

関係詞のポイント

1. 関係詞の発想→名詞に後ろから補足説明を加えたいという気持ちで使われています。

2. 関係詞の基本パターン

関係代名詞 ── 人を表す名詞(who 動詞)
　　　　　　└─ 人以外の名詞(which 動詞)

第10章 関係詞を加える場合

1 関係代名詞 who、whom、whose

➡ここでは、S + V の文に人を説明する 3 つの関係代名詞 (who, whom, whose) が加わる場合をマスターしましょう！

例文

(1) Tom is a student who came from America.
トムはアメリカからきた生徒です。

(2) Nancy is a singer whom we love very much.
ナンシーは私たちがとても愛している歌手です。

(3) I have a friend whose sister is a nurse.
私にはお姉さんが看護師をしている友達がいます。

この3つの例文はぜひ覚えて下さいね！

ここがポイントです！

人を表す名詞に説明を加えるには who、whose、whom を用います。どれを使うかは、後ろでどのような説明をしたいかで決まります。

人を説明する関係代名詞は次の 3 種類がありますが、関係代名詞は後ろで前の名詞を補うという発想を忘れないでくださいね。

❶ 主格の関係代名詞 who → 人＋〔who ＋動詞～〕

(1) Tom is a student 〔who came from America.〕

例文 (1) では、a student を who came from America が説明してくれています。この who は came の主語の働きをしているので、主格の関係代名詞と呼ばれているんです。

177

❷ 目的格の関係代名詞 whom
→ 人 + 〔whom +主語+動詞〜〕

(2) Nancy is a singer 〔whom we love very much.〕

　例文 (2) では、a singer がどんな人であるかを、whom we love very much が後ろで説明してくれているんです。この whom は love の目的語の働きを持っているので、目的格の関係代名詞と呼ばれています。

❸ 所有格の関係代名詞 whose
→ 人 + 〔whose 名詞 is〜〕

(3) I have a friend 〔whose sister is a nurse.〕

　例文 (3) では、a friend を whose sister is a nurse が説明してくれています。この whose は「その人の」という意味を持つので、所有格の関係代名詞と呼ばれています。whose の直後には必ず〈名詞〉が置かれ、〈whose +名詞〉の形になっていますよ。

> **プラスα**
> 　関係代名詞 whose は少し堅い印象を与えてしまいます。そこで会話などでは、所有の意味をもつ with を使うことがとても多いです。
> **例**
> Betty is a girl whose hair is brown.
> 　⇒ Betty is a girl with brown hair.

第10章 関係詞を加える場合

> **プラスα**
>
> 関係代名詞の後ろに I think〔believe/suppose〕が続く場合は（ ）でくるんで考えてみましょう。
>
> **例**
>
> The man who (I believed) was very honest betrayed us.
> とても正直だと思っていた人が私たちをうらぎった。
>
> I believed を（ ）でくるむと was がでてくるので、主語の働きをする who が使われていることが理解できると思います。

ポイントの整理

1 主格の関係代名詞　who
　→ 人＋〔who ＋動詞〜〕
2 目的格の関係代名詞　whom
　→ 人 ＋〔whom ＋主語＋動詞〜〕
3 所有格の関係代名詞　whose
　→ 人＋〔whose 名詞＋ is〜〕

2 関係代名詞 which、that、whose

➡ ここでは、人以外の名詞を説明する時に用いられる which、that、whose が S と V の文に加わる場合を勉強していきましょう！

例文

(1) We went to the Italian restaurant which opened last week.
私たちは先週開店したイタリア料理の店に行った。

(2) This is the book which I have wanted to read for a long time.
これは私が長い間読みたいと思っていた本です。

(3) The building whose roof is green is our school.
屋根が緑の建物が私たちの学校です。

(4) This is the best apple pie that I've ever eaten.
これは私が今までに食べた中で最高のアップルパイだ。

この4つの例文は必ず覚えて下さいね！

ここがポイントです！

人について後ろから説明するには who、whom、whose が用いられましたね。今度は人以外の名詞を後ろから説明してくれる関係代名詞 which、that、whose について勉強していきましょう！

第 10 章 関係詞を加える場合

❶ 主格の関係代名詞 which
→人以外＋〔which ＋動詞～〕

(1) We went to the Italian restaurant which opened last week.

　例文（1）は the Italian restaurant の説明を which opened last week でしてくれています。この場合の関係代名詞 which は opened の主語の働きをしていますね。このように、主語の働きをする関係代名詞を、主格の関係代名詞と言います。人以外の名詞に後ろから説明を加える時は、which の代わりに that を用いることもできます。

例
This is a list of food that contains iron.
これは鉄分を含む食品のリストです。

❷ 目的格の関係代名詞 which
→人以外＋〔which ＋主語＋動詞～〕

(2) This is the book which I have wanted to read for a long time.

　例文（2）は the book の説明を which I have wanted to read for a long time がしています。ここで注意してほしいのは read に目的語が欠けている点です。which はその目的語の働きをしてくれています。このように、目的語の働きをする関係代名詞を目的格の関係代名詞と言い、人以外の場合は which または that が使われます。

181

例

I found the book that you wanted to read.
私はあなたが読みたがっていた本を見つけた。

❸ 所有格の関係代名詞 whose
→人以外＋〔whose ＋名詞＋ is～〕

(3) The building whose roof is green is our school.

　例文（3）は、the building の説明を whose roof is green がしてくれています。この whose は「その」と訳す必要がありますね。このような関係代名詞を所有格の関係代名詞と呼んでいます。所有格の関係代名詞は人以外でも whose を用います。

❹ that が好まれる場合
the best (first, only, very）＋人以外＋〔that ＋（主語）＋動詞～〕

(4) This is the best apple pie that I've ever eaten.

　関係代名詞の that が好まれる場合があることも知っていてくださいね。説明したい名詞の前に限定の意味の強い語（the best, the first, the last, the only, the very など）がついている場合は that が好まれるので注意しましょう。例文（4）では apple pie の前に the best という語がついているので that が使われているのですね。

　この他にも、前に all, every, ～thing などがある場合は that が好まれます。

第10章 関係詞を加える場合

例

This is the last email that I sent yesterday.
これは私が昨日、最後に送ったEメールです。
That's all that I can find about the country.
それが、その国についてわかるすべてです。

> **プラスα**
> 関係代名詞の省略を見抜いてくださいね!

　目的格の関係代名詞はしばしば省略され、『名詞+名詞(主語)+動詞~』という形になります。例えば下の文はどうでしょうか?

例

This is the computer I bought yesterday.
これは私がきのう買ったコンピュータです。
➡この文では computer と I の間に which または that が省略されているのがおわかりですね。

> **プラスα**
> 関係代名詞を見たら〔　〕をして、文末または、2つ目の動詞の前でかっこを閉じ、前の名詞を修飾してみましょう。このかっこをする作業をすると、複雑な文もSとVを中心とした文として理解できるようになりますよ。
>
> **例**
> ① People 〔who have close friends〕 receive both emotional and practical benefits.
>   　S　　　　　　　　　　　　　　　V
> 親友をもつ人は情緒面でも実生活の面でも恩恵を受ける。

183

② There are plenty of people 〔who worry about language change.〕
言葉の変化を心配している人がたくさんいる。

③ The Internet is a great invention 〔that has changed people's lives all over the world.〕
インターネットは世界中の人たちの生活を変えた大きな発明である。

ポイントの整理
1 主格の関係代名詞 which
　→人以外＋〔which ＋動詞〜〕
2 目的格の関係代名詞 which
　→人以外＋〔which ＋主語＋動詞〜〕
3 所有格の関係代名詞 whose
　→人以外＋〔whose ＋名詞＋ is〜〕
4 that が好まれる場合
　→ the best (first, only, very) ＋人以外＋〔that ＋（主語）＋動詞〜〕

第 10 章 関係詞を加える場合

3 前置詞と関係代名詞、what、継続用法

➡ここでは、関係代名詞の少し発展的な形について勉強していきます！関係代名詞もあとひと息なのでがんばっていきましょう！

例文

(1) This is the house in which we lived.
これは私たちが住んでいた家です。

(2) What he said was very interesting.
彼が言ったことはとてもおもしろかった。

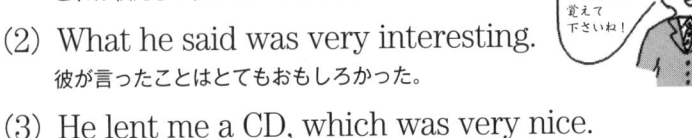

(3) He lent me a CD, which was very nice.
彼は私に CD を貸してくれましたが、それはとてもよかった。

この3つの例文はぜひ覚えて下さいね！

ここがポイントです！

❶ 前置詞と関係代名詞
→名詞＋〔前置詞＋ which（whom）＋ S ＋ V〕

(1) This is the house in which we lived.

この文では、関係代名詞の前に前置詞が置かれ、前置詞と関係代名詞が一緒になって前にある名詞を説明しています。関係代名詞の中の動詞についていた前置詞が、関係代名詞の前に置かれたと考えてください。例文（1）では the house を in which we lived で説明していて、この in は lived in の in からきているので、which we lived in としたり、関係代名詞を省略したりして、we lived in とすることもでき、だんだん口語的になってきます。

例

He is the actor to whom Anne sent a fan letter.
→ He is the actor whom Ann sent a fan letter to.
→ He is the actor Ann sent a fan letter to.
彼はアンがファンレターを送った俳優だ。

❷ 関係代名詞の what → what ＝〜すること（もの）

(2) What he said was very interesting.

　関係代名詞の what はその中に説明する名詞を含んでいて、the thing (s) which〜『〜するもの・こと』と考えるとわかりやすいですよ。what はその後ろに主語や動詞を伴って文の主語・補語・目的語になります。例文（2）は主語の例ですが、補語と目的語でもよく使われているので例をあげておきますね。

例

This watch is just what I wanted.（補語の例）
この時計はまさしく私が欲しかったものです。
I believe what she saw.（目的語の例）
私は彼女が見たことを信じている。

❸ 関係代名詞の継続用法→..., which (who) 〜

(3) He lent me a CD, which was very nice.

　関係代名詞の継続用法は、直前の語句だけでなく、文の内容を補足的に説明してくれています。継続用法の場合は関係代名詞の前にカンマがついているので目印にしましょう。例文（3）は彼が貸してくれた CD について which 以下で説明しているんです。カンマがない場

合よりも補足的な意味合いが強くなります。

例

I have a Chinese friend, who goes to a college in Kyoto.
私には中国人の友達がいるが、彼女は京都の大学に通っている。
➡この文の who は a Chinese friend について補足的に説明しています。

She said she couldn't speak English, which was not true.
彼女は英語が話せないと言ったが、それは本当でなかった。
➡この文の which は前の内容について補足的に説明してくれています。

> **プラスα**
>
> **what を使った重要表現に注意しましょう！**
> ① what is called / what we (you, they) call ＝いわゆる
>   例 She is what we call a superstar.
>   彼女はいわゆるスーパースターだ。
> ② what is 比較級〜＝さらに〜なことには
>   例 He is kind, what is more, honest.
>   彼は親切で、その上、正直だ。
> ③ what A is (was, used to be) ＝今の A（以前の A）
>   例 Mr. Baker has made this school what it is today.
>   ベイカー氏がこの学校を今あるような学校にした。
>   Nancy is not what she used to be.
>   ナンシーは以前の彼女ではない。

> **プラスα**
>
> 　前置詞＋関係代名詞の非制限的用法もよく使われるので注意しておいてくださいね。
>
> **例**
>
> She is a famous skater, about whom many articles have been writen.
>
> 彼女は有名なスケーターで、彼女について多くの記事が書かれている。

ポイントの整理

1. 前置詞と関係代名詞→名詞＋〔前置詞＋ whom（which）＋主語＋動詞〕
2. 関係代名詞の what → what〜＝〜もの（こと）
3. 関係代名詞の継続用法→..., who（which）〜

第 10 章 関係詞を加える場合

4 関係副詞
where、when、why、how

➡ここでは、関係副詞について勉強しましょう！関係副詞は場所や時や理由や方法に関する名詞を説明する時に用いられます。では、さっそく始めましょう！

> この5つの例文は必ず覚えて下さいね！

例文

(1) This is the town where I was born.
ここが私が生まれた町だ。

(2) I'll never forget the day when I first met you.
僕は初めて君に会った日を忘れないだろう。

(3) Tell me the reason why you were late.
遅れた理由をいいなさい。

(4) This is how a penguin brings up its babies.
こうしてペンギンは子育てをする。

(5) I went to Narita, where I took a plane to London.
私は成田まで行き、そこでロンドン行き飛行機に乗った。

ここがポイントです！

　人やそれ以外の名詞を後ろから説明を加える時は、関係代名詞を用いましたね。でも名詞が場所や時や理由や方法などを表す場合は、2つの文を関係づける働きと場所、時、理由、方法などの意味をもつ関係副詞と呼ばれるものを使います。では1つずつみていきましょう！

❶ 関係副詞 where →場所＋〔where ＋完全な文〜〕

(1) This is the town where I was born.

　場所を表す名詞を説明する時は where という関係副詞を使って後ろから説明を加えます。関係副詞 where は「その場所で〜」という意味を持っていて、後ろにはそれだけで意味が通じる完全な文がきます。例文（1）は the town という場所を表す名詞を where I was born が後ろで説明していると考えていきましょう！

❷ 関係副詞 when →時＋〔when ＋完全な文〜〕

(2) I'll never forget the day when I first met you.

　時を表す名詞を説明する時は when という関係副詞を使います。この関係副詞 when は「その時に〜」という意味を持っていて、後ろには完全な文がきます。例文（2）では the day を when I first met you が後ろから説明してくれているんです。

❸ 関係副詞 why →理由＋〔why ＋完全な文〜〕

(3) Tell me the reason why you were late.

　理由を表す名詞を説明する時は why という関係副詞を使います。関係副詞 why は「その理由で〜」という意味を持っていて、後ろには完全な文がきます。例文（3）では the reason を why you were late が説明を加えているんですね。

❹ 関係副詞 how → the way ＋完全な文〜、how ＋完全な文〜

(4) This is how a penguin brings up its babies.

　方法を表す名詞を説明する場合は関係副詞の how を使います。実際には the way how で用いられるのはまれで the way ～か how ～のいずれかになります。例文（4）では how の前に the way が省略されていると考えてくださいね。そのように考えてもらうと the way の内容を how a penguin brings up its babies が説明しているのがわかってもらえると思います。

5　関係副詞の継続用法
■ …, where (when) ～＝…、そしてそこで（その時）～

(5) I went to Narita, where I took a plane to London.

　関係副詞 where、when にも継続用法があるので、ここでとりあげますね。継続的用法については関係代名詞で勉強をしましたが、関係副詞についても同じなので心配はいりませんよ。つまり、関係副詞の継続的用法も前の内容について補足説明をしてくれているんです。また、目印はカンマですよ。例文（5）では、where I took a plane to London で成田で何をしたかという追加説明をしてくれているんですね。when の例も見てくださいね。

例

I bought this house in 2013, when my daughter was three years old.
私は2013年にこの家を買いましたが、そのときには娘は3歳でした。

プラスα

前にある名詞が場所を表していても、where を必ず使うとは限らないので注意してください！次の問題はどうですか？

例題 次の各文のかっこに適語を入れなさい。
① Do you remember the place ( ) we visited last summer?
私たちが昨年の夏訪れた場所を覚えていますか。
② Do you remember the place ( ) we were born?
私たちが生まれた場所を覚えていますか？

①の英文のは確かに place ですが、この place は visited の目的語になっているので、答えは関係代名詞 which となるんです。where となるのは、②の英文のように後ろが完全な文の場合なんですね。ここでもう一度確認してほしいことは関係副詞の後ろにくる文は完全な文だということなんです。

ポイントの整理

1 関係副詞 where →場所＋〔where ＋完全な文〕
2 関係副詞 when →時＋〔when ＋完全な文〕
3 関係副詞 why →理由＋〔why ＋完全な文〕
4 関係副詞 how → the way ＋主語＋動詞〜
   how ＋主語＋動詞〜
5 関係副詞の非制限用法
   →..., where (when) 〜＝…、そしてそこで (その時) 〜

このポイントは要チェック！

第 10 章 関係詞を加える場合

5 複合関係詞

➡関係詞の最後に、複合関係詞について勉強をしていきましょう！まず押さえておいてほしいことは、複合関係詞が関係代名詞や関係副詞に ever がついたもので「〜ならどんなものでも」と「たとえ〜でも」という２つの意味があることなんです。ではさっそく始めましょう！

> この 4 つの例文は必ず覚えて下さいね！

例文

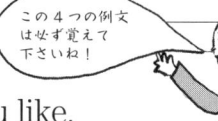

(1) You may invite whoever you like.
誰でも好きな人を招待していいですよ。

(2) Whatever happens, he won't change his mind.
何が起ころうとも、彼は決心を変えないだろう。

(3) You may leave whenever you like.
好きな時にいつでも帰ってかまいません。

(4) However hard I tried, I couldn't repair the computer.
どんなに一生懸命やっても、私はそのコンピュータを直せなかった。

ここがポイントです！

1 ― 複合関係代名詞（関係代名詞に ever がついたもの）

① whoever（whichever, whatever）〜＝〜する人はだれでも
（〜するものはどれでも、〜するものは何でも）

(1) You may invite whoever you like.

複合関係代名詞が、このような意味になる時は、主語や目的語の働

193

きをします。例文(1)の whoever you like は invite の目的語になっていますね。下の例はどうでしょうか。

例

She told the story to whoever wanted to hear.
彼女はその話を聞きたい人なら誰にでも話した。

前置詞の目的語になっていることがわかりましたか？

② whoever (whichever, whatever) 〜
　＝誰が〜しようとも（どれを〜しようとも、何が〜しようとも）

(2) Whatever happens, he won't change his mind.

　複合関係代名詞が譲歩の意味を持つことがあります。その場合は文の意味を補ってくれる働きをもっています。例文（2）の Whatever happens は文の補足説明をしているので、「何が起ころうとも」という譲歩の意味になります。譲歩の意味を持つ例文もよく使われるのでもう1つ例を示しておきますね。

例

Whoever says so, I won't believe it.
誰がそう言おうとも、私はそれを信じない。

2― 複合関係副詞（関係副詞に ever がついたもの）

① whenever (wherever) 〜
　＝〜する時ならいつでも（〜するところならどこでも）

(3) You may leave whenever you like.

194

例文（3）の whenever you like は「好きな時にいつでも」という意味を表しています。もう1つ wherever の例をあげておきますので理解を深めてくださいね。

例

I will take you wherever you want to go.
君の行きたいところならどこへでも連れていきましょう。

② whenever (wherever, however) 〜
＝いつ〜しても（どこで〜しても、どれほど〜しても）

(4) However hard I tried, I couldn't repair the computer.

複合関係代名詞には譲歩の意味を表す場合がありましたね。複合関係副詞にもまた譲歩を意味して、文の補足説明する用法があるんです。例文（4）は However hard I tried が「どんなに一生懸命にやっても」という意味を持っていますね。譲歩の意味をもつ複合関係副詞の例ももう少しみてみましょう。

例

Wherever I am, I am thinking of you.
私はどこにいても、あなたのことを思っています。
Whenever you come, you will be welcomed.
あなたはいつ来ても、歓迎されるでしょう。

複合関係詞が譲歩の意味を表す時は〈no matter who [what / which] という形をとることもできます。こちらの方がくだけた言い方になるようです。

①複合関係代名詞の場合
　　whoever ～ = no matter who ～
　　whichever ～ = no matter which ～
　　whatever ～ = no matter what ～

例
Whatever happens, he won't change his mind.
= No matter what happens, he won't change his mind.

Whoever says so, I won't believe it.
= No matter who says so, I won't believe it.

Whichever you choose, it doesn't matter.
= No matter which you choose, it doesn't matter.

②複合関係副詞の場合
　　wherever～ = no matter where ～
　　whenever ～ = no matter when ～
　　however ～ = no matter how ～

例
He plays the guitar every day however busy he is.
= He plays the guitar every day no matter how busy he is.

Wherever I am, I am thinking of you.
= No matter where I am, I am thinking of you.

Whenever you come, you will be welcomed.
= No matter when you come, you will be welcomed.

ポイントの整理

1 複合関係代名詞
　　→ whoever（whichever, whatever）〜
2 複合関係代名詞（譲歩の意味を表す場合）
　　→ whoever（whichever, whatever）〜
3 複合関係副詞
　　→ whenever（wherever）〜
4 複合関係代名詞（譲歩の意味を表す場合）
　　→ whenever（wherever, however）〜

ポイントチェック！

1 （関係代名詞の基本に関する問題）次の各文の選択肢の中から適切な語を選んでください。

1. I don't like people (**who**, **which**, **whose**) look down on others.
   他の人を見下す人は好きではありません。

2. This is the church (**which**, **whose**, **that**) building is the oldest in the country.
   これはその建物が最も古い教会です。

3. The girl (**which**, **whom**, **who**) Tom is going to marry is a Japanese.
   トムが結婚しようとしている女性は日本人です。

4. The man (**who**, **whom**, **whose**) I thought was my friend betrayed me.
   友達と思っていた男が、ぼくをだました。

5. Everything (**which**, **whom**, **that**) happened is not your fault.
   起きてしまったことは全てがあなたのせいではありません。

2 （関係代名詞と前置詞、**what**、継続用法に関する問題）次の各文の選択肢の中から適切な語を選んでください。

1. Is this the CD (**which**, **whom**, **that**) you've been looking for?
   これはあなたがさがしている CD ですか？

2. The girl with (**which**, **whom**, **that**) he fell in love was an American.
   彼が好きになった女の子はアメリカ人だった。

3. (**What**, **Which**, **That**) she said was always true.
   彼女が言ったことはいつも本当だった。

解答と解説

who ▶ 前の名詞が people で、後ろに look という動詞があるので主語の働きをする who が選べたら正解ですよ。

whose ▶ 前の名詞が先行詞が church で、後ろに building という名詞があるので「その〜」を意味する whose を選んでくださいね。

whom ▶ 前の名詞が girl で、後ろが Tom is という主語と動詞があるので目的語の働きの whom が用いられます。この関係代名詞はしばしば省略されるので注意してくださいね。

who ▶ I thought を挿入表現と考えられたら who が選べますよ。

that ▶ 前の名詞が everything の場合は that が好まれるのでしたね。

which ▶ which を選べたでしょうか？文末の for に気づいてくれればすごいですよ。

whom ▶ 前置詞＋目的格の関係代名詞の形で関係代名詞が前置詞の目的語になっている場合がありましたね。この場合は「〜に恋した」という意味の fall in love with の with が関係代名詞の前に置かれています。

What ▶「〜こと」や「〜もの」という意味を中に含む what を選んでくださいね。

4. My hometown is different from what it (**is**, **was**).
私の故郷は昔と違っている。

5. Mr. Ozawa, (**whom**, **which**, **whose**) everyone knows, is a famous conductor.
小澤氏は、誰もが知っているが、有名な指揮者だ。

3 （関係副詞に関する問題）次の各文の選択肢の中から適切な語を選んでください。

1. This book tells us (**the way**, **way how**, **way**) the computer works.
この本を読めばそのコンピュータの動かし方がわかります。

2. The reason (**when**, **where**, **why**) she left Japan is a mystery.
彼女が日本を去ったわけは謎である。

3. This is the house (**where**, **which**, **that**) she was born.
ここが彼女が生まれた家です。

4. India is a country (**where**, **which**, **that**) I have wanted to visit.
インドは私が訪れたかった国です。

5. Christmas is the time (**which**, **when**, **where**) the members of a family get together.
クリスマスは家族が集まる機会だ。

4 （複合関係詞に関する問題）次の各文の選択肢の中から適切な語を選んでください。

1. My grandmother told the story to (**whoever**, **whomever**, **whichever**) she met.
私の祖母は会う人ごとにその話をした。

2. I'll take (**whomever**, **whoever**, **whichever**) wants to go.
行きたい人はだれでも連れて行きます。

第10章 関係詞を加える場合

was ▶ what S was は「昔の S」という意味をもつとてもよく使われる表現なので覚えてくださいね。

whom ▶ 継続的用法の場合は目的格の関係代名詞も省略できないので要注意ですね。

the way ▶ 関係副詞の how の前の名詞は「方法」を表す the way ですが、the way または how の形で用いられることの方が一般的なようです。

why ▶ 前の名詞が the reason だと関係副詞は why でしたね。

where ▶ 前の名詞が場所を表す名詞の場合は関係副詞 where を選んでくださいね。

which ▶ この問題はとても間違いやすいですよ。この文では a country が visit の目的語なので、目的格の which を選ぶのでしたね。

when ▶ 前の名詞が時を表す名詞の場合、関係副詞は when になります。

whomever ▶ 後ろに主語と動詞を伴い「~する人はだれでも」の意味となる複合関係詞 whomever が正解ですね。

whoever ▶ 後ろが動詞で「~する人はだれでも」の意味となる複合関係詞 whoever を選べたら正解ですよ。

3. Choose (**whichever, whatever, whoever**) you want.
 どちらでも好きなものを選びなさい。

4. Come and see me (**whenever, whichever, whatever**) it is convenient for you.
 都合のいいときにいつでも遊びにいらっしゃい。

5. (**Whichever, Whatever, Whenever**) may happen, we'll help you.
 何が起ころうとも、私たちはあなたを助けます。

第10章 関係詞を加える場合

whichever ▶「〜するものは何でも」という意味の複合関係詞 whichever を選べたでしょうか。

whenever ▶「〜するときはいつでも」という意味の複合関係詞 whenever もよく出題されますよ。

Whatever ▶「何が〜しようとも」という譲歩の意味を表す複合関係詞 whatever は要注意ですね。

第11章 接続詞を加える場合

Everyone likes Kenta because he is very kind.

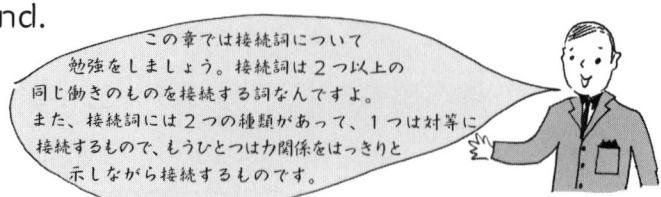

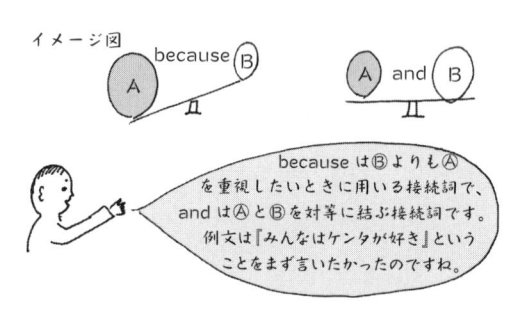

この章では接続詞について勉強をしましょう。接続詞は2つ以上の同じ働きのものを接続する詞なんですよ。また、接続詞には2つの種類があって、1つは対等に接続するもので、もうひとつは力関係をはっきりと示しながら接続するものです。

イメージ図

because Ⓐ Ⓑ 　　Ⓐ and Ⓑ

because はⒷよりもⒶを重視したいときに用いる接続詞で、and はⒶとⒷを対等に結ぶ接続詞です。例文は『みんなはケンタが好き』ということをまず言いたかったのですね。

接続詞のポイント

1 接続詞の発想→2つ以上のものを接続する

2 接続詞の基本パターン
  - 2つのものを対等に結ぶ接続詞（=等位接続詞）
    …and, but, or…
  - 2つのものの間に力関係をつけて結ぶ接続詞（=従属接続詞）
    …because, when, that…

第 11 章 接続詞を加える場合

1 等位接続詞

➡ここでは、2つのものを対等な関係で結びつけてくれる等位接続詞がSとVに加わった場合を勉強していきましょう！

例文

(1) My family and I reached the airport an hour late.
家族と私は1時間遅れて空港に着きました。

(2) She likes singing, but she is not very good at it.
彼女は歌うのは好きですが、あまり上手ではありません。

(3) Did you go to Hokkaido by train or by car?
あなたは北海道に電車で行ったのですか、それとも車で行ったのですか？

(4) Shakespeare was not only an actor but also a writer.
シェイクスピアは俳優ばかりではなく、作家でもありました。

この4つの例文は必ず覚えて下さいね！

ここがポイントです！

等位接続詞には、and、but、or の3つがありましたね。3つとも同じ働きのものを対等に結びつけます。同じ働きというのは、文と文、語と語、節（2語以上のカタマリで主語や動詞をともなう表現）と節、そして句（2語以上のカタマリ）と句などのことです。

❶ and →文と文や語と語、そして句と句や節と節をつないでいる

(1) My family and I reached the airport an hour late.

　例文（1）の and は語と語をつないでいますが、and はこの他に句と句や、文と文をつないでくれる場合もあるんですよ。

例

The boys sat <u>on the bench</u> and <u>on the ground</u>.
　　　　　　　　句　　　　　　　　　句

男の子たちはベンチや土の上に座っていた。

<u>Some said good-bye</u> and <u>others began to cry</u>.
　　　　文　　　　　　　　　　文

さよならを言う人もいたし、泣き始める人もいた。

❷ but →文と文や語と語、そして句と句や節と節をつないでいる

(2) She likes singing, but she is not very good at it.

　例文（2）は文と文をつないでいますが、語と語や、句と句をつないでいる例もあげておきますね。

例

The old man was <u>poor</u> but <u>happy</u>.
　　　　　　　　　語　　　　語

その老人は貧しかったが幸せでした。

第 11 章 接続詞を加える場合

She doesn't live in Osaka but in Kobe.
           ―――――――   ―――――――
              句   句

彼女は大阪でなくて、神戸に住んでいます。

❸ or →文と文や語と語、そして、句と句や節と節をつないでいる

(3) Did you go to Hokkaido by train or by car?

例文（3）は句と句をつないでいますが、語と語や、文と文をつないでくれている例も見ておきましょうね。

例

Do you drink tea or coffee?　紅茶かコーヒーを飲みますか。
             ―――   ――――――
              語   語

Is he coming or (is he) not (coming)?
――――――――――   ―――――――――――――――――――
     文   文

彼は来るのですか、それとも来ないのですか。

❹ not only A but also B（＝ A だけでなく B も）

等位接続詞を使った注意すべき表現の 1 つでとてもよく使われる表現なので覚えてくださいね。

(4) Shakespeare was not only an actor but also a writer.

例文（4）の表現以外にも、both A and B、not A but B、either A or B、neither A nor B（A も B も両方、A ではなくて B、A か B のどちらか、A でも B でもない）など、とても大切な表現があります。

207

例

Both you and I are interested in history.
あなたも私も歴史に興味がある。
The point is not what you have but what you do.
大切なのはあなたが何を持っているかではなく、あなたが何をしているかです。
I want to be either a singer or an actor.
私は歌手か俳優のどちらかになりたいと思っています。

> **プラスα**
>
> and や or の前に命令文がある場合は、その訳し方に注意してくださいね。
>
> 　命令文~, and (or) ...
> 　＝~しなさい、そうすれば（さもないと）…
>
> **例**
>
> Go straight, and you'll see the hospital on your right.
> まっすぐに行ってください、そうすれば右側に病院が見えますよ。
> Go quickly, or you will miss the train.
> すぐに行きなさい、さもないと電車に乗り遅れるよ。

プラスα

and / but / or を見たらその前後の同じ形のものや、働きをしているものに注目して、その and / but / or が何と何を対等な関係でつないでいるかを考えてみてください。そうするとどんな文もきっと読めるようになりますよ！

例

My father <u>sat</u> down and <u>read</u> the newspaper.
　　　　　　語　　　　　　　　語

父は座って新聞を読んだ。

It is important <u>to learn your own culture</u> and <u>to study a foreign language</u>.
　　　　　　　　　　句　　　　　　　　　　　　　　句

あなた自身の文化を学んで、外国語を勉強することが大切です。

I think <u>that American people are very friendly</u> and <u>that they are very positive</u>.
　　　　　　　　　　　　　　　節　　　　　　　　　　　　　　　　　　　節

私はアメリカ人はとても友好的で、かつ前向きであると思う。

ポイントの整理

1 等位接続詞→文と文や語と語、そして句と句や節と節を対等な関係で結ぶ。
2 等位接続詞→ and, but, or などがある。

2 名詞節を導く従属接続詞

➡ここでは、名詞の働きをする接続詞の勉強をしていきましょう！ここで扱う接続詞の中で一番大切なのは that です。この that を中心にみていきましょう！

例文

(1) I think that she is a great artist.
   私は彼女は偉大な芸術家だと思います。

(2) The problem is that her question is too difficult.
   問題は彼女の質問が難しすぎるということです。

(3) We heard the news that the actor would come to Japan.
   私たちはその俳優が来日するという知らせを聞いた。

(4) I wonder if she can live here alone.
   彼女はここでひとりで暮らせるかなぁ。

この4つの例文は必ず覚えて下さいね！

ここがポイントです！

接続詞の that ～は、「～ということ」という意味で、名詞の働きをしています。名詞は主語、補語、目的語になりますね。ですから、that が導く節も同じように主語・補語・目的語になっていきます。また接続詞の後ろは完全な文なので、接続詞 that の後ろも完全な文になっているんですね。

第 11 章 接続詞を加える場合

❶ 目的語の場合→動詞 + that ～
think that ～ ＝ ～ということを思う

(1) I think that she is a great artist.

　この that～は目的語の働きをしています。例文（1）では that he is a great artist が「彼が偉大な芸術家ということ」という意味で think の目的語になっているんです。

❷ 補語の場合→主語 + is + that ～
The problem is that ～ ＝ 問題は～ということだ

(2) The problem is that her question is too difficult.

　この that～は is の後ろに置かれて補語の働きをしています。例文（2）では that her question is too difficult が「彼女の質問が難しすぎるということ」という意味で補語の働きをしていますね。

❸ 同格の場合→名詞 + that ～
the news that ～ ＝ ～という知らせ

(3) We heard the news that the actor would come to Japan.

　that～が名詞と同格の働きをしている例です。同格とは前の名詞を後ろで具体的に説明している働きのことをいいます。例文（3）では news の内容を that the actor would come to Japan「その俳優が来日するという」という節が説明してくれていますね。

4 ─ I wonder if 〜＝〜かどうかと思う

(4) I wonder if she can live here alone.

　例文（4）の if〜 や whether〜 も名詞の働きをする接続詞で「〜かどうか」という意味になるんですよ。wonder の目的語の働きをしていて、I wonder if の形でよく用いられます。

> **プラスα**
> 　it が文頭に置かれて、後ろの that, whether などの名詞の働きをしている接続詞の節を指していることに注意してください！

① It is true (certain, natural, strange...) that 〜
　＝〜ということは本当（確か、当然、不思議）だ。

例

It is true that he is very polite.
彼が礼儀正しいというのは本当だ。

② think it natural (important, necessary...) that 〜
　＝〜と思うのは当然（大切、必要）だ。

例

I think it natural that she got angry with you.
私は彼女があなたに腹を立てたのは当然だ。

③ take it for granted that 〜＝〜を当然のことと思う

例

They take it for granted that they can go to college.
彼らは大学に行けるのを当然のことだと思う。

④ It doesn't matter (make any difference) whether A or B. ＝ A か B かは問題ではない。

例

It doesn't matter whether you are female or male.
あなたが女性であるか男性であるか問題ではない。

ポイントの整理

1 動詞 that 〜→
   think (know, find, suppose, understand...) that 〜
2 主語 is that 〜→
   The problem / trouble (fact / truth.) is that 〜
3 名詞 that 〜→
   the news (fact) that 〜
4 I wonder if (whether) 〜

3 副詞節を導く従属接続詞

➡ここでは、文と文を結びつける働きを持つ接続詞の中で、時や条件や理由など、副詞的な意味を表す従属接続詞を勉強しましょう！

例文

(1) I would often play baseball when I was a child.
子供の時よく野球をしました。

(2) If you take a taxi, you can get there in ten minutes.
もしタクシーに乗れば、10分でそこに着けます。

(3) He is loved by everyone because he is honest and kind.
彼は正直でやさしいので誰からも愛されています。

(4) Though I did my best, I failed the exam.
最善を尽くしたのですが、試験に失敗しました。

この4つの例文は必ず覚えて下さいね！

ここがポイントです！

対等な関係で2つのものを接続するのは等位接続詞でしたね。でも接続詞には従属接続詞という、2つのものを対等でない関係で結ぶのに使われる接続詞がありました。この従属接続詞を使うと、接続詞がついている文を、ついていない文が従えるような関係が生まれます。ここで一緒に勉強していくのはその従属接続詞で時や条件や理由などの意味を表すものです。

第 11 章 接続詞を加える場合

❶ 時を表す接続詞

when (while, as, before, until / till, since, once , as soon as) ～＝～の時（の間、につれて、の前に、まで、以来、いったん～したら、～するとすぐに）

(1) I would often play baseball when I was a child.

　従属接続詞の中でも、時を表す接続詞は種類がとても多いです。例文（1）の when はその代表的な接続詞で「～する時に」という意味を表す時に用いられます。この when と間違いやすいのが while という接続詞です。その意味は「～する間に」となり、ある状態や動作が継続している期間を表すので注意してくださいね。では、その while と until や once の例をあげておきますね。

例

There was an earthquake while I was sleeping.
寝ている間に地震があった。
Why don't we wait here until the fog clears away?
霧が晴れるまでここで待ってはどうでしょう。
Once you made a promise, you must not break it.
いったん約束したら、それを破ってはいけない。

❷ 条件を表す接続詞

if (unless) ～＝もし～ならば（もし～でないなら）

(2) If you take a taxi, you can get there in ten minutes.

　例文（2）で用いられている if は「もし～ならば」という意味を持っています。注意してほしいのは unless という「もし～でなければ」

という意味の接続詞です。

例

I'll be back tomorrow unless the typhoon comes.
台風が来なければ、明日戻ります。

❸ 原因・理由を表す接続詞
■ because (since, as) ～＝～なので

(3) He is loved by everyone because he is honest and kind.

　例文（3）の because は「～なので」という意味の接続詞ですね。この because と区別する必要があるのが since や as なんです。この２つは主に文頭で用いられて because よりも意味が弱くなります。この感覚を大切にしてくださいね。

例

Since this is a secret, don't tell anybody about it.
それは秘密なので、誰にも言ってはいけない。
As it began to rain, I gave up swimming in the sea.
雨が降り始めたので、私は海で泳ぐのをあきらめました。

❹ 譲歩を表す接続詞
■ though / although (while, whether A or B) ～＝～だけれども（～なのに・一方では～、A であろうと B であろうと）

(4) Though I did my best, I failed the exam.

　例文（4）の Though は「～だけれども」という意味ですね。

although はかたい表現で、though のほうが一般的な表現です。また、譲歩には whether A or B という表現もあるので例をあげておきますね。

例

Although it's not the latest model, the printer is perfect for my job.
最新型ではありませんが、そのプリンターは私の仕事にはぴったりです。
Whether we go by train or by bus, it will take a long time.
電車で行ってもバスで行っても、長時間かかる。

> **プラスα**
>
> 意味が微妙に違う接続詞に注意しましょう！
> 　例えば、by the time も until [till] も「〜まで」と訳しますが、until [till] は「〜まで（ずっと）」という継続の終了点を表し、by the time は「〜までに」という期限を表します。
>
> ### 例
> She will wait until we get there.
> 彼女は私たちが着くまで待っているだろう。
> He will have left by the time we get there.
> 彼は私たちが着くまでにはいなくなっているだろう。

> **プラスα**
>
> 接続詞をみたらかっこ〔　〕をしてみましょう！
>
> 　接続詞を含む英文は長く理解しづらくなる場合が多いですが、〈接続詞＋完全な文〉に〔　〕をすると、主語＋動詞を中心としたわかりやすい英文になって、複雑な英文も読みやすくなりますよ。
>
> 例
> ① <u>Research</u> <u>has shown</u> 〔that vegetarians are less likely to suffer from heart disease and obesity than meat eaters.〕
>   　S　　　V
>
>   調査によるとベジタリアンのほうが肉を食べる人よりも心臓病にかかりにくいということがわかっている。
>
> ② 〔Although most virtual schools rely on the Internet as their primary method for distance learning,〕 <u>not all of them</u> <u>are</u> completely "virtual."
>   　　　　　　　　　　　　　　　　　　　　　　　　　S　　　　V
>
>   ほとんどのバーチャルスクールは遠隔学習のための主な方法としてインターネットに依存しているが、完全に「バーチャル」というわけではない。

ポイントの整理

1. 時を表す接続詞→ when (while, as, before, until / till, since, once , as soon as) ～
2. 条件を表す接続詞→ if (unless) ～
3. 原因・理由を表す接続詞→ because (since, as) ～
4. 譲歩を表す接続詞→ though / although (while, whether A or B) ～

第 11 章 接続詞を加える場合

4 接続詞の重要表現

➡接続詞の最後として重要表現を勉強していきましょう！

例文

(1) I'll never forget your kindness as long as I live.
生きている限りあなたの親切は忘れません。

(2) As soon as she saw me, she ran away.
彼女は私を見るとすぐ、走り去った。

(3) Please speak more slowly so that I can follow you.
私がわかるようにもっとゆっくりと話してください。

(4) The question was so difficult that the students couldn't answer it.
その質問はとても難しかったので生徒たちは答えられなかった。

この 4 つの例文は必ず覚えて下さいね！

ここがポイントです！

①—「条件・範囲」を表す接続詞

■ as long as (as far as) 〜＝〜する限りでは

(1) I'll never forget your kindness as long as I live.

　条件を示したい時は as long as、範囲を示す時は as far as を使います。例文（1）では「生きている限り」という条件を表しているので as long as ですね。as far as の例もあげておきます。

例

As far as I know, he hasn't started on the job.
私の知る限り、彼はまだその仕事に着手していません。

As far as work is concerned, I always try to do my best.
仕事に関する限り、私は常に全力を尽くすようにしています。

❷ 「瞬時」を表す接続詞
■ as soon as ～＝～するとすぐに…

(2) As soon as she saw me, she ran away.

「～するとすぐに」という瞬時を表す表現には as soon as や the moment があります。as soon as は、直後に主文の内容が続いて起こる場合に用いられます。例文（2）は「彼女は私を見た直後に、走り去ってしまった」を意味しています。下は the moment の例です。

例

The moment I saw him, I knew he was angry.
彼を見てすぐに、私は彼が怒っているとわかった。

❸ 「目的」を表す接続詞
■ so that ～＝～するために

(3) Please speak more slowly so that I can follow you.

「～するために」という目的を表したい時は so that～ を使います。この表現は例文（3）のように so that S can 動詞の形でよく用いられます。これは不定詞の in order to でも書き換えられます。

例

Please speak more slowly so that I can follow you.
= Please speak more slowly in order for me to follow you.

❹ 「程度」を表す接続詞

so ... that ~ (such a〔an〕... that ~)
＝とても…なので~ ［程度］

(4) The question was so difficult that the students couldn't answer it.

　この表現はよく「too ... for A to ＝とても…なのでAが~できない」という不定詞で書き換えられます。例文（4）での例を下に。

例

The question was so difficult that the students couldn't answer it.
＝ The question was too difficult for the students to answer.

> **プラスα**
>
> 　in case という接続詞には、「~の場合は」と「~だといけないから」という２つの意味があることを知っていてくださいね。
>
> ### 例
>
> In case I'm late, you don't have to wait for me.
> 私が遅れた場合には、待つ必要はありません。
> Take an umbrella with you in case it rains.
> 雨がふるといけないから、傘を持って行きなさい。

ポイントの整理

1 「制限・範囲」を表す接続詞→ as long as (as far as) ~
2 「瞬時」を表す接続詞→ as soon as ~, ... / the moment~, ...
3 「目的」を表す接続詞→ so that S can 動詞~
4 「程度・結果」を表す接続詞→ so ... that　~ (such ... that ~)

ポイントチェック！

1 (等位接続詞 and、but、or に関する問題) 次の各文の選択肢の中から適切な語を選んでください。

1. I like singing, (**and, but, or**) I am not very good at it.
   私は歌うのが好きだが、あまり上手ではない。

2. Do you go to school by bus (**and, but, or**) on foot?
   あなたは学校にバスで通っているのですか、それとも歩いて通っているのですか？

3. Go straight, (**and, but, or**) you'll see the hospital.
   まっすぐ行ってください。そうすると病院が見えます。

4. Study hard, (**and, but, or**) you'll fail the test.
   一生懸命に勉強しなさい、さもないとテストに失敗するよ。

5. The news must be true, (**for, so, or**) everyone says so.
   そのニュースは真実にちがいない。みんなそう言うから。

2 (名詞節を導く接続詞に関する問題) 次の各文の選択肢の中から適切な語を選んでください。

1. We know (**that, whether, if**) the population in Japan is decreasing.
   日本の人口が減っていることを私たちは知っている。

2. I don't know (**if, that, which**) he will play tennis again.
   彼が再びテニスをするかどうか私は知らない。

3. The problem is (**that, if, whether**) everything changes so quickly.
   問題はあらゆるものがあまりにもはやく変化するということだ。

4. We are surprised to hear the news (**that, if, whether**) he left his job.
   彼が仕事をやめたという知らせに驚いています。

5. It is true (**that, if, whether**) she is very polite.
   彼女はたしかにとても礼儀正しい。

第 11 章 接続詞を加える場合

解答と解説

but ▶ 文と文を逆節的につなぐ but が正解になりますね。

or ▶ 句と句を選択肢的につなぐ or が正解です。

and ▶ 命令文が前にあって、後ろが肯定的な内容なので「そうすれば」という意味の and を選びましょう。

or ▶ 命令文が前にあって、後ろが否定的な内容なので「さもないと」という意味の but を選んでくださいね。

for ▶ 理由を表す for が正解になります。

that ▶ 「~ということ」という意味を持ち、know の目的語として名詞節を導く that が正解になりますね。

if ▶ 「~かどうか」とうい意味で、名詞節として動詞の目的語となる if が正解となります。

that ▶ is の後ろに置かれて「~ということ」という意味の名詞節となる that を選んでくださいね。

that ▶ 「the 名詞 A + that ~ =~という A」という同格の意味をもつ名詞節を導く that を選びましょう。

that ▶ 「It is ... that ~ = ~ということは…」という形式主語構文を作る that を選べば正解ですよ。

223

3 (副詞節を導く接続詞に関する問題) 次の各文の選択肢の中から適切な語を選んでください。

1. Let's wait here (**till, when, while**) he comes back.
   彼が戻るまでここで待ちましょう。

2. We had not walked far (**after, before, when**) it began to snow.
   遠くまで歩かないうちに雪が降り始めた。

3. You will miss the train (**if, unless, as**) you leave now.
   今出発しなければ電車に乗り遅れますよ。

4. (**As, Although, Since**) it rained a lot, we enjoyed our holiday.
   ずいぶん雨は降ったけれど、私たちは休日を楽しんだ。

5. We have to finish the job (**if, whether, though**) we like it or not.
   好むと好まざるとにかかわらず、その仕事を終えなければならない。

4 (接続詞の重要表現に関する問題) 次の各文の選択肢の中から適切な語を選んでください。

1. Not only you but (**for, so, also**) your brother is a hard worker.
   あなただけでなく弟も勉強家だ。

2. He is not a pianist (**and, or, but**) a violinist.
   彼はピアニストではなくバイオリニストです。

3. Both you (**and, but, or**) he are right.
   あなたも彼も両方とも正しい。

4. Neither Takashi (**or, nor, but**) Tom likes baseball.
   タカシもトムも野球が好きではありません。

5. It is true that she is young, (**but, for, so**) she is very clever.
   確かに彼女は若いが、とても賢い。

第 11 章 接続詞を加える場合

till ▶「～するまで」という意味の till が正解になりますね。

before ▶ had not 過去分詞 ... before～は「～しないうちに…した」という意味になるので覚えておきましょう。

unless ▶「もし～しないなら」とういう意味の unless が正解ですね。

Although ▶「～だけれども」という意味の although を選んでくださいね。

whether ▶ whether A or B は「A であろうと B であろうと」という意味なので whether が正解になりますね。

also ▶「A だけでなく B も」を意味する表現は not only A but also B でしたね。

but ▶ not A but B で「A でなくて B」を意味していました。

and ▶ both A and B は『A も B も両方とも』を意味する表現ですね。

nor ▶ neither A nor B で「A も B も両方とも～ない」という否定表現になるので注意しましょう。

but ▶ It is true that ～, but ... で「確かに～だが、…」という意味を表すことができましたね。

6. My father worked hard (**so that**, **in case**, **such that**) his family could be happy.
私の父は家族が幸せになれるように一生懸命に働きました。

7. Take some extra money (**so that**, **in case**, **such that**) you need it.
必要になるといけないから、お金は余分に持って行きなさい。

8. She was (**so a kind nurse**, **such a kind nurse**, **so kind a nurse**) that everyone likes her.
彼女はとてもやさしい看護師さんなので誰もが彼女のことが好きです。

9. I'll call you (**as far as**, **as long as**, **as soon as**) I've finished the work.
仕事を終えたらすぐに電話をします。

10. I will never forget your kindness (**as soon as**, **as far as**, **as long as**) I live.
生きているかぎり、あなたの親切は決して忘れません。

第 11 章 接続詞を加える場合

so that ▶ so that S can ～は「S が～できるように」という目的を表すとても大切な表現でしたね。

in case ▶ in case S ～「S が～するといけないから」という意味になりました。

so kind a nurse ▶「とても…なので～」は so ... that～で表しました。そして〈so + 形容詞 + a〔an〕＋名詞〉の語順にも注意してくださいね。

as soon as ▶ as soon as ～は「～するとすぐに」を意味する表現でした。

as long as ▶ as long as ～は「～するかぎり」という時間的な条件を意味する表現ですね。

227

第12章 比較級を加える場合

Tom is taller than Bob.

ここでは比較について勉強しましょう！
英語の比較のポイントは、2つ以上のものや人をある基準で比較する、という点なんですよ！

イメージ図

Tom　Bob

例文はTomとBobを背の高さで比較しています。ポイントは、TomがBobより背の高さでは、より高いという点ですね。

比較級のポイント

1. 比較の発想→2つ以上のものや、2人以上の人を同じひとつの基準で比較する表現

2. 比較の基本パターン

　　A is as　原級　as B

　　A is　比較級　than B

　　A is the　最上級　in(of) B

第12章 比較級を加える場合

1 原級・比較級の表現

➡ここでは、比較する対象が同じぐらいだったり、差がある場合の表現が、SとVの文に加わった場合を勉強していきましょう。

例文

この4つの例文は必ず覚えて下さいね！

(1) My brother is as tall as my father.
　　私の弟は父と同じぐらいの背の高さです。

(2) This room is twice as large as that one.
　　この部屋はあの部屋の2倍の大きさです。

(3) This computer is more expensive than that one.
　　このコンピュータはあのコンピュータより高いです。

(4) Nancy is five years younger than Tom.
　　ナンシーはトムより5才若いです。

ここがポイントです！

1 原級を使った比較（その1）

■ as 原級... as ～ ＝ ～と同じぐらい…

(1) My brother is as tall as my father.

　比べたい人やものが「同じぐらい」の場合、as ... as～という表現を使ってみましょう。例文（1）では弟は父と背の高さが同じぐらいということを意味していますが、もし「全く同じでない」場合は not as /so ... as ～ ＝ ～ほど…でない、という表現になることも覚えてくださいね。

例

Tom is not as tall as my brother.
トムは私の弟ほど背が高くない。

❷ 原級を使った比較

twice (half, three times, four times) as 原級 ... as ～
＝～の２倍（半分、３倍、４倍）の…

(2) This room is twice as large as that one.

　あともう１つ知ってほしい表現は、例文（2）で使われている比較する対象との差を倍数で表す場合です。
　例文（2）は２倍の例なので、他の倍数の例文もあげておきますね。

例

She has three times as many books as I(have).
彼女は私の３倍の本を持っている。

❸ 比較級を使った比較（その１）

比較級... than ～＝ ～より…

(3) This computer is more expensive than that one.

　比較級を使った表現は、比較する対象に違いがある場合に使われます。例文（3）は２つのコンピュータを比べてみて、より値段の高い方はこのコンピュータだ、ということを意味しています。もう１つ例を見ておいてくださいね。

例

She wakes up earlier than her mother.
彼女は母よりも早く起きる。

❹ 比較級を使った比較（その2）
■ 数を表す表現 A ＋比較級 ... than ～＝～より A…

(4) Nancy is five years younger than Tom.

　もしも比較する対象の差がどのくらいかを具体的に示したかったら、数を表す表現を比較級の前に置いてください。

　例文(4)は five years が younger than の前にあるので、ナンシーが5才トムより若い、ということがわかりますね。他の、数を表す表現の例もあげておきましょう。

例

This tower is six meters taller than that tower.
この塔はあの塔よりも6メートル高い。

> **プラスα**
> 　比較級は、同じ対象のもの同士を比較しているということに注意してください！

例

○ ① The climate of Japan is milder than that of Norway.
× ② The climate of Japan is milder than Norway.
　　日本の気候はノルウェーよりも温暖だ。

　英語の比較級は同じ対象のものを比較するので、日本とノルウェー

の気候を比較しないといけませんね。だから「ノルウェーの気候」を表す①の that of Norway（この that は the climate をさす代名詞）が正しい表現になります。

また、比較する対象が複数の場合は those of〜という表現を使いましょう。

例

The rules of *go* is simpler than those of chess.
碁のルールはチェスよりも簡単だ。

> **プラスα**
>
> 比較級を強めたいと思ったら、much, far, even などをつけてくださいね。
>
> **例**
>
> Your apartment is much larger than mine.
> 君のアパートは私のよりずっと大きい。

ポイントの整理

1 原級を使った比較
　　as 原級 ... as 〜（not as / so 原級 ... as〜）
　　twice (three times, four times) as 原級 ... as 〜
2 比較級を使った比較
　　比較級 ... than 〜 ＝ 〜より…
　　数を表す表現【five years (meters)】＋比較級 ... than 〜

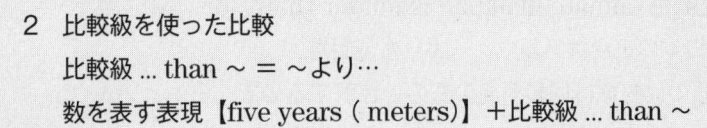

第 12 章 比較級を加える場合

② 最上級の内容を表す原級・比較級の表現

➡ここでは、最上級を表すいろいろな表現をいっしょに勉強していきましょう！

例文
(1) Alice is the tallest player in our club.
アリスは私たちのクラブで一番背が高い選手です。

(2) Chicago is the third largest city in the U.S.
シカゴはアメリカで3番目に大きな都市です。

(3) Greenland is larger than any other island in the world.
グリーンランドは世界の他のどの島よりも大きい。

この3つの例文はぜひ覚えて下さいね！

ここがポイントです！

① 最上級を使った比較

① the +最上級 ... + in ～ ＝～の中で一番…
 → in +場所・範囲を表す単数の名詞
② the +最上級 ... + of～ ＝～の中で一番…
 → of +比較する人・ものを表す複数の名詞

(1) Alice is the tallest player in our club.

まず最上級を表す基本的な表現についてみていきましょう。最上級は①と②が基本になります。ここで大切なのは2つの違いなんです。①では in が②では of が使われていますね。in は比べる相手の中に

233

入っているような時に使われ、of は比べる相手を個別に意識しているような感じです。この感覚の違いはとても大切なので頭の中に入れておいてくださいね。例文（1）ではアリスがクラブの一員だということがわかりますね。of の例もあげておきましょう。

例

Alice is the tallest player of her teammates.
アリスはチームメートの中で一番背が高い。

❷ 最上級のその他の用法

① the + second (third ...) +最上級 ... +名詞 A
　＝2番目（3番目）に…な A

(2) Chicago is the third largest city in the U.S.

　これは最上級は「何番目に～」ということを表す表現です。例文（2）の場合は「3番目に大きい」ので the third largest が使われているんですね。2番目の例も示しておきます。

例

Osaka is the second largest city in Japan.
大阪は日本で2番目に大きな都市です。

② by far +最上級 ... ＝ずばぬけて…

　この表現は最上級を強める時によく用いられる表現なので覚えておいてください。大切なのでもう1つ例をあげておきますね。

第 12 章 比較級を加える場合

例

Jupiter is by far the biggest of all the planets.
木星はすべての惑星の中でずばぬけて大きい。

❸ 最上級の内容を表す原級・比較級構文

① A is ＋比較級 ... ＋ than any other 単数名詞 B
　＝ A は他のどんな B よりも…
② No other B is ＋ as（so）... as A
　＝ A ほど…な B はない。
③ No other B is ＋比較級 ... than A
　＝ A より…な B はない。

（3）Greenland is larger than any other island in the world.

　最後に、最上級の意味を表す 3 つの表現を紹介します。英語も 1 つのことを言うのにさまざまな表現で言うことができるんですね。この 3 つの表現もそういったところから生まれたと思います。3 つとも A is the 最上級 in ［of］で言い換えられますが、①や②や③で表現すると一番ということが強調された感じがしませんか？そのような感覚も大切にしてくださいね。例文（3）は、①を使っているので、②や③で言い換えた例もあげておきましょう。

例

No other island is as（so）large as Greenland.
No other island is larger than Greenland.

235

> **コラム**
>
> as 〜 as を使った as 〜 as any ...「どんな…にも劣らず〜」や、as 〜 as ever lived「今までにいないほど〜」で最上級に近い意味を表せる場合があります。
>
> **例**
> Mary works as hard as any other student in her class.
> メアリはクラスのだれにも劣らず一生懸命努力する。
> He is as great a soccer player as ever lived.
> 彼は今までにいないほどすばらしいサッカー選手です。

ポイントの整理

1 最上級を使った比較
   ① the ＋最上級 ... ＋ in 〜　② the ＋最上級 ... ＋ of〜
2 最上級のその他の用法
   ① the ＋ second (third ...) ＋最上級 ... ＋名詞 A
   ② by far (much) ＋最上級 ...
3 最上級の内容を表す原級・比較級構文
   ① A is ＋比較級 ... ＋ than any other 単数名詞 B
   ② No other B is ＋ as (so) ... as A
   ③ No other B is ＋比較級 ... than A

第 12 章 比較級を加える場合

③ 比較級の重要表現

➡ここでは、比較級の重要表現について勉強していきましょう！とても大切な表現なのでしっかりと理解してくださいね！

> この４つの例文は必ず覚えて下さいね！

例文

(1) Nancy ran as fast as possible to catch up with them.
ナンシーは彼らに追いつくためにできるだけ速く走った。

(2) He is not so much a scholar as a journalist.
彼は学者というよりはむしろジャーナリストだ。

(3) The older we get, the weaker our memory becomes.
年をとればとるほど、記憶力は悪くなる。

(4) A whale is no more a fish than a horse is.
くじらが魚でないのは馬が魚でないのと同様である。

ここがポイントです！

❶ as ＋原級～＋ as possible ＝できるだけ～

(1) Nancy ran as fast as possible to catch up with them.

　これは、人の持つ能力を最大限に発揮する場合に使われる表現ですよ。例文（1）はナンシーが彼らに追いつくために全力で走った姿が思い浮かびませんか？同じ「はやく」でも「できるだけ早く」という場合は次の例のようになります。

例

I'll answer your e-mail as soon as possible.
できるだけ早くメールの返事をします。

❷ not so much A as B ＝ A というよりむしろ B

(2) He is not so much a scholar as a journalist.

　これは、A と較べて B を強調するときに用いられる表現です。例文(2) では、彼はどちらかというとジャーナリストで、学者ではないという意味ですね。

❸ the ＋比較級～, the ＋比較級…
＝～すればするほど、それだけいっそう…

(3) The older we get, the weaker our memory becomes.

　これは比較級の重要表現です。2つの動作や状態が比例しながら変化していくことを意味します。
　例文(3) は、年をとることと記憶力の低下は比例して起きることを意味していますね。もう1つ例をあげておきます。

例

The more you have, the more you want.
手に入れれば入れるほど、ますます欲しくなる。

❹ A is no more B than C is B.
＝ A が B でないのは C が B でないのと同じ

(4) A whale is no more a fish than a horse is.

　最後の表現は、「C が B ではない」という明らかな例を用いて、「A は B ではない」ということを強めたい時に使われます。最後の B はほとんど省略されるので注意してくださいね。

　例文（4）では「馬が魚でない」という例をだして、「くじらが魚でない」と強調しているんですね。わかりやすい例をもう１つ見ておいてください。

例

The tomato is no more a fruit than the carrot is.
トマトがフルーツではないのはニンジンがフルーツでないのと同様である。

　比較級の重要表現をもう少し紹介しておきますので、あせらないで時間をかけて覚えていきましょう！

① the ＋比較級～＋ of the two...
　＝２つ（２人）のうちでより～なほう

例

I chose the smaller of the two cats.
私は２匹のネコのうち、小さいほうを選んだ。

② all the 比較級~for ...=…だからいっそう~

例
I like her all the better for her faults.
彼女には欠点があるからいっそう好きだ。

③比較級＋ and ＋比較級＝ますます~

例
The air pollution became more and more serious.
大気汚染はますます深刻なものになった。

④ no more than ~（~しか）と no less than ~（~も）

例
No more than ten people applied for the job.
その仕事に10人しか応募がなかった。

⑤ A is no less B than C is D.
　＝ A が B であるのは C が D であるのと同じ

例
A whale is no more a mammal than a horse is.
くじらがほ乳動物なのは馬がほ乳動物であるのと同じだ。

第 12 章 比較級を加える場合

⑥肯定文　much more ~／否定文　much less ~
　＝まして~はいうまでもない

例

She can speak French, much more English.
彼女はフランス語を話せます、まして英語はいうまでもありません。
He can't speak Spanish, much less Chinese.
彼はスペイン語を話せません、まして中国語はいうまでもありません。

ポイントの整理

1　as ＋原級~＋ as possible
2　not so much A as B
3　the ＋比較級~, the ＋比較級 ...
4　A is no more B than C is D.

ポイントチェック！

1 （原級や比較級を使った比較の問題）次の各文の選択肢の中から適切な語を選んでください。

1. My salary isn't (**so high as, so big as, so large as**) yours.
   ぼくのサラリーは君のほど多くはない。

2. She drives (**more careful than, more carefully than, carefully than**) Tom.
   彼女はトムよりも運転が慎重だ。

3. Small cars are (**more easy, easier, much easy**) to park than big ones.
   小さな車は大きな車よりも駐車が簡単だ。

4. Your apartment is (**much, more, a little**) larger than mine.
   あなたのアパートは私のアパートよりずっと広い。

5. We had (**many, more, much**) snow this winter than last winter.
   この冬は去年の冬より雪が多かった。

2 （最上級のさまざまな表現、最上級の内容を表す原級・比較構文の問題）次の各文の選択肢の中から適切な語を選んでください。

1. This is (**one of the most largest rooms, one of the largest rooms, the largest room**) in the hotel.
   これはホテルの中で最も広い部屋の1つです。

2. She sang (**most beautifully, more beautifully, the best beautifully**) of all the students.
   彼女は全ての生徒の中でもっともきれいに歌った。

解答と解説

so large as ▶「…ほど〜でない」は not so [as] 〜 as ... で表しましたね。また「サラリーが高い」という時は high を使いましょう。

more carefully than ▶「比較級〜 than A ＝ A より〜」の問題ですね。この場合は drive を修飾する carefully という副詞を使った more carefully than を選びましょうね。

easier ▶ これも比較級の問題で、easy の比較級は easier となり、easier to 〜 than A「A より〜するのが簡単」となります。

much ▶ 比較級を強める場合は much を選びましょう。

more ▶ more 名詞 A than ...「…より多くの A」という表現を用いた問題ですね。

one of the largest rooms ▶「最も〜な A の中の 1 つ」という意味を表すときは one of the 最上級〜＋複数名詞 A という表現を使います。

most beautifully ▶ the 最上級〜＋ of A「A の中でもっとも〜」の問題です。この the はしばしば省略されるので注意してください。

3. Osaka is (**the second, the second largest, the largest second**) city in Japan.
大阪は日本で第2の都市です。

4. (**No other mountain, Other mountains, No mountain**) in Japan is as high as Mt. Fuji.
日本では富士山ほど高い山はありません。

5. (**None, Nothing, No one**) is more important than peace.
平和より大切なものはない。

6. This is (**the most interesting, most interesting, a most interesting**) movie that I've ever seen.
これは私が今までに見たなかでいちばんおもしろい映画です。

3

(比較の重要表現の問題) 次の各文の選択肢の中から適切な語を選んでください。

1. She has (**twice as much books as, twice as many books as**) my sister.
彼女は妹の2倍の本を持っている。

2. My brother is (**two younger than, younger two years than, two years younger than**) I.
私の弟は私より2才若い。

3. I'll call her (**as much as, as soon as, as many as**) possible.
できるだけ早く彼女に電話をかけます。

4. She is not so much a singer (**as, so, than**) a TV personality.
彼女は歌手というよりむしろテレビタレントだ。

5. This computer is the better (**than the two, of the two, in the two**).
2つのうちこのコンピュータのほうがよい。

第 12 章 比較級を加える場合

the second largest ▶ the second [third] ＋最上級〜『2 番目 [3 番目] に最も〜な』という最上級の表現を思い出しましょう。

No other mountain ▶ No other A ＋ as 原級〜＋ as B『B ほど〜な A はない」という原級を用いて最上級の意味を表す問題です。

Nothing ▶「〜より…なものはない」を表すには Nothing is 比較級 … than〜でしたね。

the most interesting ▶ the 最上級〜＋名詞 A ＋ that I've ever 過去分詞 …「私が今までに…したなかでいちばん〜な A」という表現の問題です。

twice as many books as ▶ twice [half, three times] as 〜as A は「A の 2 倍 [半分、3 倍] の〜」という意味を表す大切な表現でしたね。

two years younger than ▶これは、数量を表す語句 [two years, three meters] ＋比較級〜 than A「A より [2 才、3 メートル] 〜」という比較級の表現を問う問題です。

as soon as ▶ as 〜as possible「できるだけ〜」という原級を使った問題ですね。時間的に早い場合は soon を選びましょう。

as ▶ not so much A as B「A というよりむしろ B」という重要表現を思い出してくださいね。

of the two ▶ the 比較級〜＋ of the two で「2 つのうちでより〜なほう」という意味を表しましたね。

245

6. The climate of Japan is (**milder than**, **more mild than**, **milder than that of**) Alaska.
日本の気候はアラスカの気候よりもおだやかです。

7. The longer we live, (**the more clever**, **the cleverer**, **the most clever**) we become.
長生きすればするほど、いっそう賢くなる。

8. A dolphin is (**no less**, **no more**, **not more**) a fish than a horse is.
馬が魚でないのと同様、イルカは魚ではない。

第 12 章 比較級を加える場合

milder than that of ▶ 比較級は同類のものを比較するので the climate をさす that が必要となる点に注意しましょうね。

the cleverer ▶ the ＋比較級～, the ＋比較級 … は「～すればするほどますます…」という意味の比較級の表現でしたね。

no more ▶ これは、A is no more B than C is B「A が B でないのは、C が B でないのと同じ」という比較級の重要構文の問題ですね。

第13章 仮定法を加える場合

If I were a bird, I would fly to you.

この章では仮定法について勉強をしていきましょう。仮定法とは何かを仮定することで、日本語では「もし〜なら」と表します。仮定法とは現在や過去の事実とは違うことを仮定(想像)する時に用いられる表現なんですよ。

イメージ図

TAKASHI

タカシは今日本に、そしてマリはアメリカにいます。タカシはマリに会いたいのですが、現実には会えません。彼は『自分がもし鳥なら、彼女のところに飛んでいけるのに』と思っているんですね。そのように現実とは違うことを思っている時、仮定法は使われるんですよ。

仮定法のポイント

1 仮定法の発想→現在または過去の事実とは違うことを仮定する時に用いられる表現

2 仮定法の基本パターン

現在の事実と違うことを表す → If S 動詞の過去形、S would 動詞

過去の事実と違うことを表す → If S had 過去分詞、S would have 過去分詞

第 13 章 仮定法を加える場合

１ 仮定法過去と仮定法過去完了

➡仮定法とは、〈現実とは違う〉ことを表す表現でしたね。〈今〉と違うことを仮定（想像）する時は仮定法過去を用い、〈過去〉と違うことを仮定（想像）する時は仮定法過去完了を使います。ここではこの２つについて勉強をしていきましょう！

例文

この４つの例文は必ず覚えて下さいね！

(1) If I were a bird, I would fly to you.
　　もし私が鳥ならば、あなたのところに飛んでいくのだが。

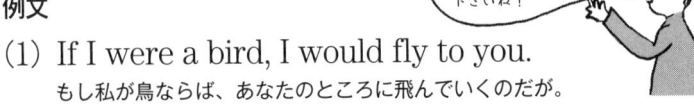

(2) If I had enough money, I could buy the book.
　　もし私に十分なお金があれば、その本を買うことができるのだが。

(3) If I had known the news, I would have told you.
　　もし私がそのニュースを知っていたならば、私はあなたに教えたのだが。

(4) If I had been rich, I could have bought the car.
　　もし私が金持ちだったならば、私はその車を買うことができたのだが。

ここがポイントです！

１─ 仮定法過去

If　S　動詞の過去形～, S would (could) 動詞の原形 ...
＝もし S が～ならば、S は…だろう（できるだろう）。

(1) If I were a bird, I would fly to you.

(2) If I had enough money, I could buy the book.

249

仮定法過去は、「現実に起こりえない話」「事実に反する話」をする場合に使われる表現ですね。ここで、仮定法過去という言葉が用いられて過去形が使われるのは、現実とは違うことを仮定しているのをはっきりと示すためなんですよ。

　例文（1）では、現実には鳥にはなれないけど、「もし鳥になれたら」という現実とは反することを、また（2）現実には十分なお金がないけど、「もしお金があったら」という事実に反することを仮定（想像）しているために仮定法過去が用いられているんですね。

❷ 仮定法過去完了

> If　S had 過去分詞～, S would (could) have 過去分詞 ... ＝
> もし S が～であったら、S は…であっただろう（できただろう）。

(3) If I had known the news, I would have told you.

(4) If I had been rich, I could have bought the car.

　仮定法過去完了は、過去完了形を使って、「過去において起こりえなかった話」や「過去の事実に反している話」をする場合に使います。このような仮定法を仮定法過去完了と呼びます。過去完了形が用いられているのは、過去の事実とは違うことを仮定（想像）しているということを明確にしようとしているんですね。

　例文（3）では、「そのニュースを知らなかったので、あなたに知らせることができなかった」という過去の事実と反する事が、また（4）では「金持ちでなかったので、その車を買えなかった」という過去において起こりえなかった事が仮定法によって表されているということを理解してくださいね。

第 13 章 仮定法を加える場合

プラスα

仮定法過去完了と仮定法過去が混ざっている場合があります。

「もし（以前）〜だったら、（今）…だろう」という意味を表すとき、if の中を仮定法過去完了に、主文を仮定法過去の形にします。このように仮定法では、異なる時を同じ文の中で使えるので注意してくださいね。

If S had 過去分詞〜, S would have 過去分詞 …

例

If I had married you at that time, I would be happy now.

もしあの時あなたと結婚していたならば、私は今幸せなのに。

ポイントの整理

1 仮定法過去

→ If S 動詞の過去形〜, S would (could) 動詞の原形 …

2 仮定法過去完了

→ If S had 過去分詞〜, S would (could) have 過去分詞

2 仮定法の重要表現その1

➡ここでは、仮定法の重要表現について勉強をしましょう！ 特に大切なのは wish や as if を用いた表現です。では始めましょう！

例文
(1) I wish I knew her e-mail address!
　彼女のメールアドレスを知っていればなぁ。
(2) He talks as if he were an expert in economics.
　彼は経済の専門家であるかのように話す。
(3) If you were to win the lottery, what would you do ?
　もしあなたが宝くじで当たったら、何をしますか？

この3つの例文はぜひ覚えて下さいね！

ここがポイントです！

1 願望を表す表現
① I wish ＋ S ＋動詞の過去形（または were）〜
　＝ S が〜であればいいのに
（現在の事実と違うことを願望する表現）

(1) I wish I knew her e-mail address!

　これは、現在の事実と違う願望を表しています。この表現を使う時は、現在、実現できそうもない願望を表している時なんです。例文（1）では現実には無理だけど彼女のメールアドレスが知れたらなぁという願望が表されていますね。were の例もあげておきますね。

例

I wish she were my sister.
彼女が私の妹ならいいのに。

② I wish + S + had +過去分詞〜
＝Sが〜であったらよかったのに
(過去の事実と違うことを願望する表現)

　過去において実現できなかった今ではどうにもならないことを願望する表現です。例えば次の例文はどうでしょうか？

例

I wish I had studied abroad.
留学しておけばよかったなぁ。

　この文には過去において留学していなかったけど、留学しておけばよかったなぁという気持ちが示されていますね。

❷ as if を使った仮定法
① as if + S +動詞の過去形(または were)〜
＝まるで〜であるかのように
(実際には「〜ではない」が、その事実とは反対に「〜であるかのように」という意味合いで仮定法を使う表現)

(2) He talks as if he were an expert in economics.

　これは「まるで〜であるかのように」という現実とは違うことをたとえ言う時に使う表現です。例文(2)では、「本当は経済の専門家ではないけれどまるで専門家であるかのように話す」といった意味が

込められているんです。

② as if + S + had +過去分詞~＝まるで~であったかのように
（実際には「~でなかった」が、その事実とは反対に「~であったかのように」という意味合いで仮定法を使う表現）

「まるで~であったかのように」という、過去の事実と違うことをたとえていう時に使える表現です。

例
He talked as if he had won the first prize.
彼はまるで優勝したかのように話した。
➡「彼が過去において優勝していなかったのに、まるで優勝したかのように話した。」という意味が込められていますね。

❸ 未来のことを表す仮定法
① If + S + were　to +動詞の原形~＝仮に~すれば
（可能性の有無に関係なく「仮に~すれば」という純粋な仮定・想像を表す。）

（3）If you were to win the lottery, what would you do？

これは未来のことがらを表す表現で、実現の可能性が全くない仮定から、実現の可能性がある仮定まで幅広く使うことができます。例文（3）はどうですか？「宝くじは当たることも当たらないことも両方考えられるけど、もし当たったらどうしますか？」という意味が表されているのがわかっていただけたと思います。

第 13 章 仮定法を加える場合

② If + S + should + 動詞の原形〜=万一〜すれば

（可能性はあるがまず起こらない、と話し手が思っている場合に使われる表現）

　実現の可能性がきわめて低い未来のことを言うときに使える表現です。例文を通して考えてみましょう。

例

If you should fail, I would help you.
万一君が失敗すれば、私が手助けしましょう。

➡「君が失敗することはまずないと思うけど、万一失敗してしまったら、私が手助けするので安心してくださいね。」という気持ちが込められています。

> **プラスα**
>
> 　I wish の代わりに、If only を使うとより強い願望を表すことができますよ。
>
> ### 例
> If only there were no war!
> 戦争さえなければいいのに。
> If only I had taken the medicine!
> 薬を飲んでさえいたらなぁ。

ポイントの整理

1. 願望を表す表現

    ① I wish ＋ S ＋動詞の過去形（または were）～

    ② I wish ＋ S ＋ had ＋過去分詞～

2. as if を使った仮定法

    ① as if ＋ S ＋動詞の過去形（または were）～

    ② as if ＋ S ＋ had ＋過去分詞～

3. 未来のことを表す仮定法

    ① If ＋ S ＋ were　to ＋動詞の原形～

    ② If ＋ S ＋ should ＋動詞の原形～

第13章 仮定法を加える場合

3 仮定法の重要表現その2

➡ I wish や as if 以外の仮定法の重要表現を勉強しましょう！

例文
(1) Tom, it's about time you went to bed.
　　トム、そろそろ寝る時間だよ。
(2) If it were not for your help, we would fail.
　　もしあなたの援助がなければ、私たちは失敗するでしょう。
(3) Were I in your place, I would quit the job.
　　もし僕が君の立場だったら、その仕事をやめるだろ

> この3つの例文はぜひ覚えて下さいね！

ここがポイントです！

① It is time 〜＝〜してもいい頃だ

(1) Tom, it's about time you went to bed.

「現実にはまだしていないことに対し、やや手遅れだという気持ちをもちながら〜してもいい頃だ」ということを表す表現です。また is の後ろに about が入ると「そろそろ」、high があると「とっくに」という意味が込められます。例文(1)では「まだ寝ていないトムに対して、もうそろそろ寝る頃だ」と言っているんですね。

② If it were not for 〜＝もし（今）〜がなければ

(2) If it were not for your help, we would fail.

これは「もし〜がなければ」という「現実には存在するけれども、

もしそれがなければ」と言いたい時に用いられる表現です。例文（2）は「現実にはあなたの援助があるけれども、もしそれがなければ失敗するでしょう」という意味を表していますね。

　また、これと対照的に「過去には存在していたが、もしそれがなかったら」という意味を表したい時は、〈If it had not been for ～＝もし（あのとき）～がなかったならという〉表現を使ってくださいね。

例

If it had not been for your help, we would have failed.
もしあなたの援助がなかったなら、私たちは失敗していたでしょう。

❸ if を省略した仮定法
■ Were S ～＝S が～ならば

（3）Were I in your place, I would quit the job.

　仮定法は If ではじまることを最初に勉強しましたね。でもこの if が省略される場合があるんです。その場合は主語と動詞が逆になるので注意しましょう！例文（3）は If I were in your place の If が省略されています。この、if が省略されて主語と動詞が逆になっている表現は他にもたくさんあるので、少し例をあげておきますね。

例

Were it not for music, life would be very dull.
音楽がなければ、人生はたいへん気ないものになるだろう。
Had it not been for Lucy, we would have lost the game.
もしルーシーがいなかったら、私たちは試合に負けていただろう。
Should you see Mary at the party, please say hello to her.
もし万一パーティでメアリに会ったら、よろしく伝えてください。

第13章 仮定法を加える場合

プラスα

If it were not for や If it had not been for は But for や Without を使っても書けるので注意していきましょう！

① If it were not for ～ = Without ～ / But for ～
  = もし～がなければ
② If it had not been for ～ = Without ～ / But for ～
  = もし～がなかったら

例
If it were not for music, our life would be dull.
=Without [But for] music, our life would be dull.
音楽がなかったら、私たちの生活は退屈なものとなるだろう。
If it hadn't been for the rain, we could have had a pleasant trip.
=Without [But for] the rain, we could have had a pleasant trip.
雨が降らなければ、楽しい旅行だったのに。

ポイントの整理

1　It is time S 動詞の過去形～
2　If it were not for ～ = Without [But for] ～
　　If it had not been for～ = Without [But for] ～
3　if を省略した仮定法
　　① Were S ～
　　② Were it not for ～ [Had it not been for ～]
　　③ Had S 過去分詞～
　　④ Should S 動詞～

4 if の代わりになる表現

➡ここでは、仮定法において if の代わりとなる表現について勉強をしていきましょう！仮定法の最後なので少し発展的な事項ですが英文を読んだり、書いたりする時にとても役に立ちますよ！

例文

(1) A man of good sense would not agree to her proposal.
良識のある人なら彼女の提案に賛成しないだろう。

(2) To hear her speak English, you would take her for an American.
彼女が英語を話すのを聞いたら、彼女をアメリカ人と思うだろう。

(3) With a little more effort, you could succeed.
もう少し努力すれば、あなたは成功できるのに。

ここがポイントです！

❶ 主語が if の代わりをする場合

■ S+ would + 動詞の原形 … ＝もし S なら…するだろう。

(1) A man of good sense would not agree to her proposal.

まず最初は S が if の代わりをしている場合です。S を「もし S なら」と訳してください。例文（1）は「実際には彼には良識がないのだけれど、もしあれば」という意味が込められています。この文を if を用いて書き換えた例もあげておきましょう。

例

If he were a man of good sense, he would not agree to her proposal.

❷ 不定詞や分詞が if の代わりをする場合

To 動詞〜（分詞〜）, S + would + 動詞の原形 ...
＝もし〜するなら、…するだろう。

(2) To hear her speak English, you would take her for an American.

不定詞や分詞も if の代わりをする場合があります。例文 (2) は不定詞が If の代わりをしてくれていますね。この文も If を用いて書きなおせるので見てみましょう。

例

If you heard her speak English, you would take her for an American.

難しい文では、分詞が If の代わりをする場合があるので、例をあげておきますね。

例

Born in different times, she'd have become famous.
=If she had been born in different times, she'd have become famous.
別の時代に生まれていたら、彼女は有名になっていただろう。

The same thing, happening in this country, would cause a lot of trouble.
=If the same thing should happen in this country, it would cause a lot of trouble.
同じことがもしこの国で起こったら、大きな問題になるだろう。

❸ 前置詞ではじまる表現が if の代わりをする場合

With ～, S + would + 動詞の原形 ...
＝もし～があれば、S は…するだろう

(3) With a little more effort, you could succeed.

　最後に、前置詞ではじまる表現が If の代わりをする場合の表現です。例文（3）は With～が If の代わりをして「もし～があれば」という意味になります。この例文も If を用いて書くと次のようになります。

例
If you made a little more effort, you could succeed.

> **プラスα**
> if の代わりをする otherwise「もしそうでなければ（もしそうでなかったら）」も要注意です！
> **例**
> I ran to the station; otherwise I would have missed the train.
> = I ran to the station; if I had not run to the station, I would have missed the train.
> 駅まで走った。もしそうでなかったら、列車に乗り遅れただろう。

第 13 章 仮定法を加える場合

> **プラスα**
>
> If 節がなくても、文中に would や could が使われていたら、仮定法の文ではないかと考えてみましょう！
>
> **例**
>
> We could make a lot of money now, but I do not think it would make us happy.
>
> 今お金をたくさんもうけることはできるでしょう。でも、それで幸せになれるとは思えません。

ポイントの整理

1. 主語が if の代わりをする場合
   → S + would + 動詞の原形 ...
2. 不定詞・分詞が if の代わりをする場合
   → To 動詞～（分詞～）, S + would + 動詞の原形 ...
3. 副詞句が if の代わりをする場合
   → With ～, S + would + 動詞の原形 ...

ポイントチェック！

1 （仮定法過去と仮定法過去完了に関する問題） 次の各文の選択肢の中から適切な語を選んでください。

1. If I won the lottery, I (**would travel, will travel, travel**) around the world.
   私が宝くじに当たったら、世界旅行に行くでしょう。

2. If we had had a map, we (**would have lost, would not have lost, would not lose**) our way.
   もし地図を持っていたら、私たちは道に迷わなかったでしょう。

3. If I were a bird, I (**would, could, might**) fly to you.
   もし私が鳥だったら、あなたのところへ飛んで行けるのに。

4. She (**would, could, might**) succeed if she tried another business.
   もし彼女が別の事業をやってみれば、成功するかもしれない。

2 （wish・as if を使った仮定法、未来のことを表す仮定法に関する問題） 次の各文の選択肢の中から適切な語を選んでください。

1. I wish I (**could, can, will**) speak English.
   英語が話せたらいいのになぁ。

2. I wish I (**had spend, had not spent, did not spend**) so much money.
   あんなにたくさんのお金を使わなければよかった。

3. He talks as if he (**knew, had known, knows**) everything.
   彼はまるで何でも知っているかのように話す。

4. She looked at me as if she (**had seen, had ever seen, had never seen**) me before.
   彼女は以前私に会ったことがないかのように私のことを見た。

第13章 仮定法を加える場合

解答と解説

would travel ▶ 仮定法過去の問題です。仮定法過去は If S 動詞の過去形~, S would [could, might] 動詞の原形 ... で表しましたね。

would not have lost ▶ これは仮定法過去完了の問題ですね。仮定法過去完了は If S had 過去分詞~, S would [could, might] have 過去分詞 ... で表しました。

could ▶ これも仮定法過去の問題ですね。「行けるのに」という意味を表すのは could ですね。

might ▶ 「成功するかもしれない」とあるので might を選びましょう。if が後ろにあっても迷わないでくださいね。

could ▶ I wish I could 動詞の原形（動詞の過去形）~で現在の事実と反対の願望を表しましたね。

had not spent ▶ I wish I had 過去分詞~は過去の事実と反対の願望を表しました。

knew ▶ as if S 動詞の過去形~は「まるで~であるかのように」という意味を表すのを覚えていてくださいね。

had never seen ▶ as if S had 過去分詞~になると「まるで~であったかのように」という意味を表すことができました。この場合は強い否定を意味する never が必要ですね。

5. What would you do if war (**were, was, is**) to break out?
仮に戦争が起こるとしたらどうしますか？

6. If she (**should, would, could**) fail, what would her parents say?
万一彼女が失敗したら、彼女の両親は何というだろうか？

3 (仮定法の重要表現に関する問題) 次の各文の選択肢の中から適切な語を選んでください。

1. If it were not for her help, I (**would not have succeed, would not succeed, would succeed**).
もし彼女の助けがなければ、私は成功しないだろう。

2. If it had not been for the accident, she (**would have arrived, would not have arrived, would arrive**) in time.
もし事故がなかったら、彼女は時間までに到着していただろう。

3. But for exams, students (**would be, would have been, will be**) happy.
試験がなければ、生徒は幸せだろう。

4. Without the storm, they (**would have arrived, would arrive, would not have arrived**) on time.
嵐がなかったら、彼らは時間通りに着いていただろう。

5. It is time you (**start, started, had started**) working harder.
もっと一生懸命に働き始めてもいい頃だ。

6. (**Have I, Did I, Had I**) known her address, I would have written to her.
もし彼女の住所を知っていたら、彼女に手紙を書いたのですが。

7. (**Were it not for, Had it not been for**) air, we could not live.
もし空気がなかったら、生きていられないだろう。

第 13 章 仮定法を加える場合

were ▶ if S were to 動詞の原形~は「もし仮に~なら」という実現の可能性がほとんどないか、全くないような仮定を表す表現ですね。

should ▶ If S should 動詞の原形~は「もし万一~すれば」というありそうもないことの仮定を表しましたね。

would not succeed ▶ これは If it were not for ~, S would 動詞の原形 ... は「もし~がなければ、S は…だろう」という仮定法の慣用表現を問う問題ですね。

would have arrived ▶ 今度は If it had not been for ~, S would have 過去分詞 ...「もし~がなかったら、S は…だっただろう」を問う問題ですよ。

would be ▶ but for ~は「もし~がなければ」または「もし~がなかったら」のいずれかの意味になりますが、この問題では「試験がなければ」とあるので would be を選びましょう。

would have arrived ▶ without ~も but for~と同じ意味で用いられましたね。ここでは「着いていただろう」とあるので would have arrived が正解になりますね。

started ▶ これは It is (high) time S 動詞の過去形~「もう~してもいいころだ」という慣用表現の問題です。

Had I ▶ 仮定法過去完了の If S had 過去分詞の If を省略した場合は Had S 過去分詞となったことを確認しておきましょう。

Were it not for ▶ If it were not for の If を省略した場合は Were it not for となりましたね。

8. (**Would, Should, Could**) you remember her name, please let me know.
万一彼女の名前を思い出したら、教えてください。

4 (**if** 節の代わりになる表現に関する問題) 次の各文の選択肢の中から適切な語を選んでください。

1. A scientist (**would, would not, will not**) believe such a thing.
もし科学者ならそのようなことを信じないでしょう。

2. To hear her speak Japanese, you (**would, should, could**) take her for a Japanese.
彼女が日本語を話すのを聞いたら、彼女を日本人と思うでしょう。

3. (**With, Without, But for**) a little more effort, you could succeed.
もう少し努力すれば、あなたは成功できるのに。

4. (**Be born, Born, Bearing**) in America, he could have become famous.
アメリカに生まれていたら、彼は有名になれていただろう。

5. Tom studied very hard; (**otherwise, however, likewise**) he could not have passed the exam.
トムは一生懸命に勉強しました。もしそうしなかったら、試験に合格できなかっただろう。

第 13 章 仮定法を加える場合

Should ▶ If S should 動詞の原形の If を省略した場合も Should S 動詞の原形という語順になりますよ。

would not ▶主語である A scientist が if「もし～なら」の代わりをしている問題です。

would ▶不定詞 To hear ～が if の代わりをしているので、「～でしょう」を意味する would を選びましょう。

With ▶ could があるので With～が「～があれば」という意味で if の代わりをしていることを見抜いてくださいね。

Born ▶これは過去分詞 Born が if の代わりをしていて「生まれていたら」という意味になっていることに注意しましょう。

otherwise ▶「もしそうでなければ」という意味を持つ otherwise が if の代わりをしていることを確認してください。

読み、書き、話すための
わかりやすい英文法の授業

四月十六日 木曜日 晴れ

Part 4

その他の表現を加える場合

第14章 否定の表現を加える場合

I don't think he is a good doctor.

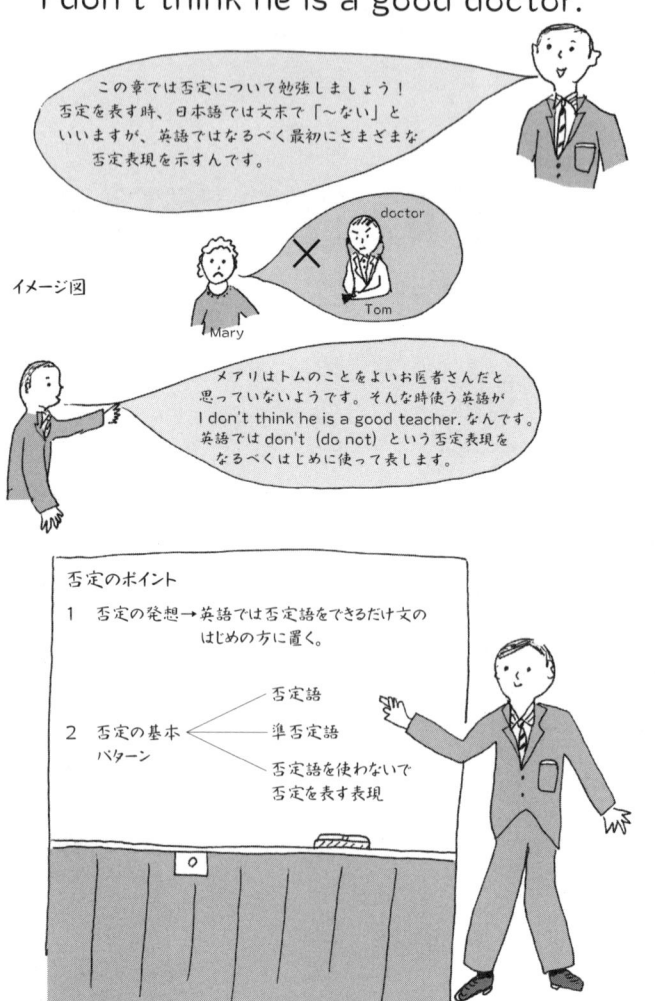

この章では否定について勉強しましょう！否定を表す時、日本語では文末で「〜ない」といいますが、英語ではなるべく最初にさまざまな否定表現を示すんです。

イメージ図

メアリはトムのことをよいお医者さんだと思っていないようです。そんな時使う英語が I don't think he is a good teacher. なんです。英語では don't (do not) という否定表現をなるべくはじめに使って表します。

否定のポイント

1 否定の発想→英語では否定語をできるだけ文のはじめの方に置く。

2 否定の基本パターン
 - 否定語
 - 準否定語
 - 否定語を使わないで否定を表す表現

第 14 章 否定の表現を加える場合

1 否定語、準否定語を用いた否定

➡日本語の否定は「ない」という言葉が代表的でしたが、英語にはさまざまな否定表現がありましたね。ここでは、その代表的なものを勉強していきましょう！

例文

(1) I told him not to work too hard.
　　私は彼に働きすぎないように言った。

(2) Nobody knew the news.
　　誰もそのニュースを知らなかった。

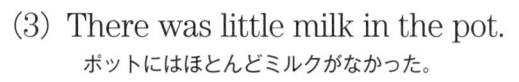

(3) There was little milk in the pot.
　　ポットにはほとんどミルクがなかった。

(4) I haven't seen all of his movies.
　　私は彼の映画を全て観たわけではありません。

(5) I haven't seen any of his movies.
　　私は彼の映画を何も観ていません。

この5つの例文は必ず覚えて下さいね！

ここがポイントです！

否定語

❶ not～＝～しない

(1) I told him not to work too hard.

　否定の代表はなんといっても not ですね。not を置くとその直後のの表現を否定することになります。例文（1）では not が不定詞の前に置かれているので不定詞を否定することになります。

273

not + to 動詞〜＝〜しないように

否定語には他に次のようなものがありますので注意してくださいね。

never〜＝一度も〜ない
no〜＝１人・１つも〜ない　／　決して〜などではない

例
Bob never drinks coffee.
ボブは決してコーヒーを飲みません。
She is no shy girl.
彼女は決して恥ずかしがりやの少女ではありません。

❷ nobody（no one, none）＝誰も〜でない

(2) Nobody knew the news.

　例文(2) の nobody や no one も〈no ＋ 名詞〉と同じように考えてみてください。これと似た表現には nothing があります。

nothing 〜＝何も〜ない

例
There was nothing that excited me.
わくわくさせるものは何もありませんでした。

準否定語

③ little ＋数えられない名詞〜＝ほとんど〜ない
（few ＋数えられる名詞〜）

(3) There was little milk in the pot.

　否定に準ずる表現に、little や few があります。例文（3）の little は数えられない名詞、few は数えられる名詞の前に置かれます。どちらも a がつくと「少ないが、すこしはある」となり、a がないと「ほとんどない」という意味になります。下は few の例です。

例

Few students answered the question.
その質問に答えた生徒はほとんどいなかった。

　頻度や程度を表す語には次のようなものがあります。

　　seldom, rarely ＝めったに〜ない（頻度）
　　hardly, scarcely ＝ほとんど〜ない（程度）

例

She seldom (rarely) cries.
彼女はめったに泣かない。
I could hardly (scarcely) believe his story.
私は彼の話がほとんど信じられなかった。

④ 部分否定　not ～all ＝全部～というわけではない

(4) I haven't seen all of his movies.

　否定語の最後は、部分否定と全部否定を勉強していきましょう。
　まず部分否定を取り上げてみます。部分否定は例文（4）の all の他に、always, completely のような「全体性」や「完全性」を表す表現に続きます。

　　not always (necessarily) ～＝いつも（必ずしも）～でない

例
Buses do not always come on time.
バスは必ずしも時間通りには来ない。

⑤ 全部否定　not～any ＝何も～ない

(5) I haven't seen any of his movies.

　全部否定は、言葉通り全部または完全に否定する場合に使われます。例文（5）のように、not が最初に来て、その後に any や either が来ます。

　　not ～either ＝両方とも～でない

例
I don't know either of her parents.
私は彼女の両親を両方とも知らない。

第14章 否定の表現を加える場合

> **プラスα**
>
> 否定語の no は名詞や形容詞の前に置かれたり、熟語として使われたりして強い否定の意味となります。
>
> **例**
> They had no rooms available.
> 空いている部屋はなかった。
> Building a school is no easy task.
> 学校を建てることは決して簡単な仕事ではない。
> The house in this picture no longer exists.
> この絵の中の家は、もはや存在しない。
> This question is by no means easy.
> この問題は決してやさしくない。

ポイントの整理

1　否定語→ not, no, never, nobody (no one, none), nothing
2　準否定語→ few, little, hardly (scarcely, rarely, seldom)
3　部分否定→ not ~ all, not ~ always, not ~ necessarily など
4　全部否定→ not ~ either, not ~ any など

2 否定の重要表現

➡否定の最後に、いくつかの重要表現について勉強しましょう！ここで大切なのは、これらの表現が否定語を含まない場合が多いということです。

> **例文**
> (1) He is the last person to tell a lie.
>   彼は決してうそをつかない人だ。
> (2) Your explanation is far from satisfactory.
>   あなたの説明はとても満足のいくものではない。
> (3) You cannot be too careful about your safety.
>   安全にはいくら注意してもしすぎることはない。
> (4) I never see this picture without remembering my father.
>   この写真を見ると必ず父のことを思い出す。

この4つの例文は必ず覚えて下さいね！

ここがポイントです！

❶ the last ～ to 動詞 ... ＝決して…しない～

(1) He is the last person to tell a lie.

　この表現は「…する最後の～」というのがもとの意味でここから「決して…しない～」という意味が生まれたんですね。例文（1）は、「うそをつく最後の人」から「決してうそをつかない人」になりました。

❷ far from ~ ＝とても~とはいえない

(2) Your explanation is far from satisfactory.

　この表現の本来の意味は「~からほど遠い」ですが、ここから「とても~とは言えない」とか「少しも~ない」という意味になると理解してください。例文（2）は「満足からほど遠い」から「とても満足のいくものではない」という意味になるんですね。

❸ cannot ~ too ...
＝いくら…しても~しすぎることはない

(3) You cannot be too careful about your safety.

　否定語 cannot を用いたものです。例文（3）は「安全について注意しすぎることはありえない」というのがもとの意味になります。

❹ never ~ without ... ing ＝ ~すると必ず…する

(4) I never see this picture without remembering my father.

　最後の表現は「…することなしに~できない」という意味から生まれています。例文（4）は「父のことを思い出さないでこの写真をみることはできない」という意味から生まれています。

　その他の注意すべき否定表現も少しずつ覚えていきましょう！

① be free from ~ ＝ ~がない

例

He is free from prejudice.　彼には偏見がない。

② beyond (above) 〜 = 〜を越えている

例

The beauty of the landscape was beyond description.
その景色の美しさは筆舌に尽くしがたかった。
She is above telling a lie.
彼女はうそをつくような人ではない。

③ This is all that 〜 = これだけしか〜ない

例

This is all (that) I can do at the moment.
今私にはこれしかできない。

④ fail to 〜 = 〜しそこなう

例

Takashi failed to attend school yesterday.
昨日、タカシは学校に出席しそこなった。

⑤ nothing but 〜 = 〜だけ

例

The boy does nothing but watch TV every day.
その少年は毎日テレビばかり見ている。

第 14 章 否定の表現を加える場合

⑥ not ~ at all ＝全く~でない

例
We don't know her at all.
私たちは彼女を全く知らない。

⑦ not ~until ... . ＝…してはじめて~する

例
It was not until I came home that I realized I had lost my purse.
家に帰ってはじめて財布をなくしたのに気づいた。

⑧ not ~ any longer ＝もはや ~でない

例
They don't live in this city any longer.
(＝ They no longer live in this city.)
彼らはもうこの町に住んではいない。

ポイントの整理
1　the last ~　 to 動詞 ...
2　far from ~　(not ~ at all, anything but ~ , by no means ~)
3　cannot ~ too ...
4　never ~ without ... ing

ポイントチェック！

1 （さまざまな否定語、準否定語、部分否定と全部否定に関する問題）
次の各文の選択肢の中から適切な語を選んでください。

1. There is (**no, none, any**) air on the moon.
   月には空気がない。

2. (**None, No one, Nothing**) of the students could answer the question.
   生徒のだれもその質問に答えることができなかった。

3. There is (**few, a few, a little, little**) milk left.
   ほとんど牛乳が残っていない。

4. I could (**not, hardly, rarely**) hear her.
   私は彼女の言うことがほとんど聞こえなかった。

5. (**All not, Not all, Not any**) children like fast food.
   すべての子どもがファーストフードが好きなわけではない。

6. The rich are (**not very, not quite, not always**) happy.
   金持ちが必ずしも幸せとは限らない。

2 （注意すべき否定表現に関する問題）
次の各文の選択肢の中から適切な語を選んでください。

1. You cannot be (**so, too, very**) careful about your health.
   健康にはいくら注意してもしすぎることはない。

2. The child did (**anything but, nothing but, except for**) cry.
   その子どもはただ泣くだけだった。

3. She doesn't (**any longer, no longer, much longer**) live in this town.
   彼女はもうこの町には住んでいません。

第14章 否定の表現を加える場合

解答と解説

no ▶ no +名詞~で「何も~ない」という否定を表しましたね。

None ▶ none は「何も [だれも] ~ない」という強い否定を表します。

little ▶ little +数えられない名詞~は「ほとんど~ない」という否定の表現となりますね。

hardly ▶ hardly [scarcely] は「ほとんど~ない」、seldom [rarely] は「めったに~ない」を意味したことを覚えておきましょう。

Not all ▶ not all ~は「全てが~ではない」という部分否定を表しました。

not always ▶ not always も「必ずしも~でない」という部分否定を表しましたね。

too ▶ cannot ~too … は「いくら…しても~しすぎることはない」という慣用表現ですね。

nothing but ▶ nothing but ~も「~だけ」という意味をもつ大切な慣用表現でした。

any longer ▶ not ~any longer で「もはや~ではない」という意味を表しましたね。

4. He is the (**very**, **last**, **first**) man to tell a lie.
   彼は決してうそをつかない人だ。

5. His explanation is (**far away**, **far from**, **free from**) satisfactory.
   彼の説明は決して満足のいくものではない。

6. She is (**far from**, **free from**, **by no means**) prejudice.
   彼女には偏見がない。

7. The beauty of the scenery is (**over**, **beyond**, **up**) description.
   その景色の美しさは言葉に表せない。

第 14 章 否定の表現を加える場合

last ▶ the last ~to ... は「最も…しそうにない~」を意味する大切な慣用表現です。

far from ▶ far from ~は「決して~でない」という意味で、free from ~は「~がない」という意味になるので注意しましょう。

free from ▶「~がない」という意味を表す表現は free from~でしたね。

beyond ▶ beyond ~は「~を越えている」ということから「~できない」という否定の意味を表します。

第15章 注意すべき構文を加える場合

It is the car that I want to buy.

この章では強調や倒置構文という普通の文とは違う語順をとる構文について勉強していきましょう！

イメージ図

少年は大きくなったら車を買いたいと思っています。しかもスポーツカーを買いたいと決めているようです。このように少年が買いたいものを強調するための表現が強調構文と呼ばれているものなんですよ！

強調構文のポイント
（倒置）

1　強調（倒置）構文　→ある部分（事柄、物、人など）を
　　の発想　　　　　　強調したいときに用いる

　　　　　　　　　　It is 強調したいもの that へ

2　強調（倒置）構文
　　の基本パターン
　　　　　　　　　　強調したいもの＋動詞＋主語へ

第15章 注意すべき構文を加える場合

1 強調、倒置、省略構文

➡ここでは強調・倒置・省略という普通の英文の語順とは違う特殊な表現について勉強しましょう！英文法の勉強もここまでくれば、あとひと息なのでがんばりましょうね。

例文

(1) It was last winter that we visited Fukushima.
   私たちが福島を訪れたのは去年の冬でした。

(2) Never have I heard such a moving story.
   こんな感動的な話をこれまでに一度も聞いたことがない。

(3) When young, I would often go to the movies.
   若いときはよく映画を見に行ったものだ。

この3つの例文はぜひ覚えて下さいね！

ここがポイントです！

①― 強調構文

■ It is (was) ～ that ... ＝…なのは～だ（だった）

(1) It was last winter that we visited Fukushima.

　英語にはさまざまな強調の仕方があるんですけど、まず最初に取り上げたいのは強調構文と呼ばれている構文なんです。この構文は強調したい表現を It is (was) と that の間に置く構文です。例文（1）では last year を強調するために It was と that の間に置いているんですね。強調したいのが人の場合は It is ～ who ... を使うこともあるので例文をあげておきますね。

287

例

It was my friend who could answer the question.
その問題を解いたのはぼくの友達だった。

　その他には、次のような強調語句を用いる強調があります。

do (does, did) + 動詞の原形～＝ぜひ～する・した
What in the world (on earth) ～？＝いったい何が～？
not ～ at all ＝全く～ない　など

　これはある特定の語句を用いる強調です。どれも大切な表現ですが、少しずつ覚えていきましょう！よく見かける例を1つあげておきますね。

例

What in the world do you mean?
君はいったい何が言いたいのだ。

❷− 倒置構文　→ 否定語 ＋ 疑問文の語順

(2) Never have I heard such a moving story.

　今度の強調は強めたい表現を文頭に置く場合です。このような構文を倒置構文と呼んでいます。強めたい表現を文頭に置くと倒置が起きてＳとＶの順番が入れ替わり疑問文の語順になってしまうんです。例文（2）では I have never heard such a moving story. という文が否定語 Never を強めたために have I heard～という疑問文の語順になったんですね。もう少し例を見てみましょう。

第 15 章 注意すべき構文を加える場合

例

Little did we imagine that he would be a doctor.
彼が医者になるなんて、私たちはまったく想像しなかった。
No sooner had the bell rung than the students dashed out of the room.
ベルが鳴ったとたん、生徒たちは部屋を飛び出した。

倒置にはこの他にも次のようなものもあります。

So + V〜 + S = S もまた〜だ
(Nor / Neither + V〜 + S = S もまた〜でない)
補語… + as (though) + S + V〜 = S は…であるが

これらの表現は倒置による決まった形の表現です。例を 1 つあげておきますが、あせらず覚えていってくださいね。

例

He can drive a car, and so can his wife.
彼は車の運転ができるし、奥さんもできる。
Poor as he is, he always looks happy.
彼は貧しいが、いつも幸せそうだ。

❸ 接続詞の後の S + be 動詞の省略→接続詞＋補語

(3) When young, I would often go to the movies.

今度は省略によって普段の表現が変わる場合を見ていきましょう。まず最初は、接続詞の後ろにくるはずの S と V が省略されて、接続詞の後にすぐ補語がきてしまう例なんです。例文 (3) はどうですか？

289

Whenの後ろにshe wasが省略されているのがわかったらすごいですよ！

省略には、この他にも次のような表現があります。

　if any ＝もしあれば
　if possible ＝もし可能なら
　if necessary ＝必要であれば
　if ever～＝もし～ならば
　if not～＝～でないにしても

これらは決まった表現による省略です。いっぺんに覚えなくてもだいじょうぶなのであせらずにいきましょう。

例

Correct the errors, if any.
誤りがあれば訂正しなさい。
Please make a speech, if possible.
もし可能なら、スピーチをお願いします。

> **プラスα**
>
> 　強調構文と形式主語構文の見分け方はとても大切です。次の見分け方をマスターしましょう！
>
> 　強調構文〈It is（was）... that ～＝～なのは…だ（だった）〉はIt is（was）とthatをとっても、残った文の意味でちゃんと通じますが、Itがthat以下をさす形式主語構文〈It is ... that ～＝～なのは…だ（だった）〉はIt is（was）とthatをとると意味が通じなくなってしまいます。

> 例
>
> It was in the restaurant that I met her first.
> 私が彼女に初めて会ったのはそのレストランだった。
> (It was と that をとっても意味が通じるので強調構文です！)
>
> It was strange that he got angry with her words.
> 彼が彼女の言葉に腹を立てたのは不思議だった。
> (It was と that をとってしまうと意味が通じなくなるので形式主語構文です！)

ポイントの整理

1 強調

①強調構文→ It is (was) ～ that ...

②強調語句による強調→ do (does, did) + 動詞の原形～、What ～ in the world (on earth) ?、not ～ at all

2 倒置表現

①否定の副詞（句）が文頭 → 否定の副詞（句）+ 疑問文の語順

②慣用的な倒置→ So + V～ + S (Nor / Neither + V～ + S)、補語 + as (though) + V～ + S

3 省略表現

①接続詞の後の S + be 動詞の省略→接続詞＋補語

②慣用的な省略→ if any、if possible, if necessary、if ever～、if not～

The news made her happy.

ここでは物主構文、名詞構文といった日本語にはない、とても英語らしい構文について勉強をしていきましょう！日本語との比較という観点からみていくとすごく興味深いですよ！

イメージ図

日本語

日本語では『彼女はそのお知らせを聞いてよろこんだ』とあくまでも人が主体となりますが、英語では The news made her happy. と人以外のものを主体にして書くことがとても多いですよ。

無生物主語、名詞構文のポイント
1　物主、名詞構文の発想
　→人以外の物や事柄を主語にしたり、動詞の代わりに名詞を使う構文

2　物主、名詞構文の基本パターン
　　　　　　　　S
　無生物主語構文 → 人以外の物や事柄 +V+O+C
　　have a (an) 名詞
　　前置詞　your (her/his/their) 名詞

第 15 章 注意すべき構文を加える場合

2 無生物主語・名詞構文

➡ここでは、無生物主語と名詞構文という英語特有の表現について勉強していきましょう。文法の学習もここまでくれば仕上げの段階です。あとひと息なのでがんばっていきましょう。

> この4つの例文は必ず覚えて下さいね！

例文
(1) The news will make her happy.
その知らせを聞いたら彼女はうれしくなるだろう。

(2) The heavy rain prevented us from going out.
その大雨のせいで私たちは外出できなかった。

(3) I had a good sleep last night.
ゆうべはぐっすり眠りました。

(4) I'm glad of your success in the examination.
私はあなたが試験に合格したことをうれしく思います。

ここがポイントです！

1 無生物主語構文（その1）
→無生物主語 S + make + O + C
＝ S をしたら O は C になる

(1) The news will make her happy.

無生物主語構文とは、人以外のものが主語になっている構文のことです。日本語にはあまりない英語特有の表現の1つです。無生物主語を見たら、「条件」または「理由」の意味を込めて、目的語を主語のように訳すととても日本語らしくなります。

例文（1）は The news という人以外のものが主語になって、make が動詞になっていますね。このような、無生物主語の文章を日本語に訳す時は、主語を「条件」の意味にして訳すと日本語らしくなります。

　例文（1）では「条件」の意味を込めると「その知らせを聞いたら」という自然な訳が生まれますね。

❷ 無生物主語構文（その2）
→無生物主語 S ＋ prevent ＋ O ＋ from〜ing
＝ S のために O は〜できない

(2) The heavy rain prevented us from going out.

　例文（2）は、主語が無生物で動詞が prevent O from〜ing という表現になっています。このような文の場合は主語に「理由」の意味を込めると日本語らしくなります。The heavy rain も「大雨のせいで」と訳すと自然な訳になりますよね。

❸ 名詞構文（その1）
→動詞＋a［an］＋形容詞＋名詞

(3) I had a good sleep last night.

　日本語では動詞で表す内容を、英語では名詞を使って簡潔に表すことがあります。このような表現を名詞構文と呼んでいます。名詞構文を日本語らしく訳すには、名詞の動詞形を思い出して、動詞的にするのがポイントですよ。

第 15 章 注意すべき構文を加える場合

　例文（3）は have a good sleep が名詞構文となってますね。これを日本語にする時は、sleep を「眠る」と動詞的になおして、「よく眠る」とすると自然な訳になりますよ。

❹ 名詞構文（その2）＝所有格＋名詞

(4) I'm glad of your success in the examination.

　例文（4）は your success が名詞構文になっています。この部分を訳すときも success を「成功する」と動詞的に訳し、所有格 your を「あなたが」と主語のようにして、「あなたが成功すること」とすると日本語らしくなります。

> **プラスα**
> 　代表的な無生物主語構文の例をまとめておきます。
> 　無生物主語構文は、少し難しい文を読んだり、書いたりする時に役立ちますよ。

無生物主語構文の例

①無生物主語 S + make + O + C ～
　＝ S のために O は～する

例
The news will make her happy.
その知らせを聞いたら彼女はうれしくなるでしょう。

②無生物主語 S + prevent + O + from ~ing
　＝ S のために O は~できない

例

The heavy rain prevented us from going out.
大雨のせいで外出できなかった。

③無生物主語 S + remind + O + of ~
　＝ S を聞くと（見ると）O は~を思い出す

例

This song reminds me of my school days.
この歌を聴くと学生時代を思い出します。

④無生物主語 S + enable + O + to 動詞~
　＝ S のために O は~できる

例

The book enabled us to finish the work.
その本のおかげで私たちはその仕事を終えることができた。

⑤無生物主語 S + deprive + O + of ~
　＝ S のために O は~を失う

例

The accident deprived Tom of his words.
その事故のせいでトムは言葉を失った。

第 15 章 注意すべき構文を加える場合

ポイントの整理

1 無生物主語構文→① S + make + O + C
　　　　　　　　　② S + prevent + O + from ~ing
2 名詞構文の例→①動詞＋a(an)＋名詞
　　　　　　　②所有格＋名詞

ポイントチェック！

1 （強調、倒置、省略に関する問題）　次の各文の選択肢の中から適切な語を選んでください。

1. It was (**until, till, not until**) I got home that I found that I missed my umbrella.
   家に着いてはじめて、傘をなくしているのに気づいた。

2. Why (**in the end, on purpose, on earth**) did you say so?
   いったいなぜそんなことを言ったのですか？

3. This is the (**best, most, very**) book I've wanted to read.
   これこそ私が読みたいと思っていた本です。

4. (**Little do I, Little was I, Little did I**) dream that she would marry him.
   彼女が彼と結婚するなどとは夢にも思いませんでした。

5. I want to go abroad. — (**So do I., So did I., So does I.**)
   私は外国に行きたい。— 私もそうです。

6. Don't go if you (**want, don't want, don't want to**).
   行きたくなければ行かなくていいよ。

7. Finish the homework by tomorrow, (**if you are possible, if impossible, if possible**).
   できるなら明日までに宿題を終えなさい。

2 （無生物主語構文、名詞構文に関する問題）　次の各文の選択肢の中から適切な語を選んでください。

1. This song (**brings, leads, makes**) us happy.
   この歌を聞くと私たちは幸せな気持ちになります。

解答と解説

not until ▶ It is not until ~ that ...は「…してはじめて~する」という意味の強調構文の重要表現です。ぜひ覚えてくださいね。

on earth ▶ Why on earth [in the world] ~? で「いったいなぜ~?」という強調の疑問文になります。この on earth, in the world は疑問詞を強調しているんですね。

very ▶ この very は the very +名詞+ that ~という形で名詞を強調していて「これこそ~」という意味になります。

Little did I ▶ 否定語句 [Little] +助動詞 [did] + S [I] +動詞 [dream] のように英語では強調したい語句が前に置かれると倒置が起こることがあるのを再確認する問題です。

So do I. ▶ So +do [does, did, be 動詞] + S「S もそうです。」は肯定の文に同調する倒置表現でしたね。

don't want to ▶共通語句の省略。to の後ろには go が省略されていることを見抜きましょうね。

if possible ▶ この場合は接続詞の後ろの S + be 動詞である it is が慣用的に省略されています。

makes ▶ これは無生物主語構文の問題ですね。訳す時は S を「原因・理由」のようにし、O を主語として訳すとよいですよ。この場合は、S + make + O +~「S のために O は~になる」という表現が用いられています。

2. The heavy snow (**prohibit, left, prevented**) him from attending the meeting.
   大雪のために彼はその会議に参加できなかった。

3. The album (**informs, finds, reminds**) me of my home.
   アルバムを見ると故郷を思い出します。

4. Hard work (**could, realized, enabled**) her to succeed in business.
   一生懸命に働いたので彼女は仕事で成功することができた。

5. Jim is a (**speaks Japanese fluently, a fluent speak of Japanese, a fluent speaker of Japanese**).
   ジムは日本語を流暢に話します。

6. We (**had talked, had a talk about, had a talk with**) them about the matter.
   私たちはその問題について彼らと話し合った。

7. I was surprised at (**him sudden death, he died suddenly, his sudden death**).
   私は彼の突然の死に驚いた。

第 15 章 注意すべき構文を加える場合

prevented ▶この文も無生物主語の構文で、S + prevent + O + from ~ing「S のために O は~できない」という表現が使われています。

reminds ▶この文もまた無生物主語構文で、S + remind + O + of ~「S のために O は~を思い出す」という表現が用いられていますね。

enabled ▶この文も大切な無生物主語構文で、S + enable + O + to ~「S のために O は~できる」という表現です。

a fluent speaker of Japanese ▶「形容詞~+…する人」という名詞構文で「~に…する人」と訳すと自然な日本語になりますよ。この場合は形容詞 fluent を「流暢に」、speaker を「話す人」と訳してみましょう。

had a talk with ▶ have + a〔an〕+名詞~で「~する」という意味を表すことができましたね。

his sudden death ▶この場合は at の目的語になれるのは death という名詞ですね。そして名詞の前には his しか使えませんね。

カバー・本文イラスト：著者

●著者紹介

石渡 一秀（いしわたかずひで）

1958年生まれ。青山学院大学文学部英文学科卒業。
兵庫教育大学大学院言語教育学科修了。神奈川県立外語短大付属高等学校、岩戸高等学校、三浦臨海高等学校を経て、現在逗子高等学校にて勤務。
一度英語につまずいた生徒に、自信を取り戻してもらえるための教材開発と授業研究に努めている。
主な著書に、ベレ出版『CD BOOK ミニダイアローグで覚える英会話』、三修社『CD付 現場で使える教室英語 重要表現から授業への展開まで』『CD付 科目別：現場で使える教室英語 新しい英語科目での展開』がある。

読み・書き・話すための英文法の授業

2014年4月25日 初版発行

著者	石渡一秀（いしわたかずひで）
カバーデザイン	OAK 小野光一

© Kazuhide Ishiwata 2014, Printed in Japan

発行者	内田真介
発行・発売	ベレ出版 〒162-0832 東京都新宿区岩戸町12レベッカビル TEL　03-5225-4790 FAX　03-5225-4795 ホームページ http://www.beret.co.jp/ 振替 00180-7-104058
印刷	三松堂株式会社
製本	根本製本株式会社

落丁本・乱丁本は小社編集部あてにお送りください。送料小社負担にてお取り替えします。
本書の無断複写は著作権法上での例外を除き禁じられています。購入者以外の第三者による本書のいかなる電子複製も一切認められておりません。

ISBN978-4-86064-392-8 C2082　　　　　　　編集担当　綿引ゆか

ミニダイアローグで覚える英会話

石渡一秀／グレッグ・ハイズマンズ 著

四六並製／本体価格 1900 円（税別） ■ 304 頁
ISBN978-4-86064-332-4 C2082

話し相手の人や話の内容に興味、関心を持って質問し、相手の答えに自然なあいづちや、適切なコメントが言えるようになる、会話をつなげるためのコミュニケーション術とその表現を身につけていきます。すべてQ（質問・話しかけ）・A（答え・返事）・C（コメント・あいづち）のミニダイアローグ形式になっており、交わされる会話はナチュラルで、ひとことで言える英語表現ばかり。カンタンにまる覚えできてすぐに使えるフレーズが満載です。初対面の場面から、親交が深まっていく流れになっているので、話し相手との関係に合わせて使い分けられます。

時間がない人のための中学英語やりなおし

坂本訓隆 著

A5 並製／本体価格 1600 円（税別） ■ 288 頁
ISBN978-4-86064-352-2 C2082

英語の基礎をやりなおして力を伸ばしたい、しかもなるべく短期間で、というときに最適の一冊。英語の基礎を短期間でやり直すには、まず問題を解いて、弱点や苦手なところを見つけ出し、そこを集中して補強していく、というのが無駄のない一番の方法です。本書では、この方法で中学3年分の英語を単元ごとに弱点をあぶり出し、しっかりと補強するための要点確認と、詳しい解説の2段階で完璧に中学英語を総復習できるようになっています。TOEICや英検などの勉強の下準備にも。

英語が激伸びする 10 の条件

石井辰哉 著

四六並製／本体価格 1400 円（税別） ■ 304 頁
ISBN978-4-86064-360-7 C2082

がんばって勉強しているのになかなか伸びない、一方で同じ時間、同じ練習をしているのに短期間で劇的に伸びる人がいる。同じことをしているはずなのに、どうしてこのような大きな差が出てしまうのか？ 実は、伸びる人がやっていることや考えていること、要は練習の質が大きく違うからなのです。本書では、激伸びに必要な条件とその練習方法について、具体的に詳しく解説していきます。どんな勉強法を試してもなかなか伸びないという学習者にとって救いの一冊になるはず。